Dans le labyrinthe fiscal

Robert Matthieu

Dans le labyrinthe fiscal

Albin Michel

Ce livre est plus qu'actuel ;
il est urgent.
Je le publie.

Victor Hugo

Avant-propos

Le destin a voulu que je quitte une position confortable dans l'administration. Mon premier best-seller, *Le Racket fiscal,* m'a en effet fait passer du statut de fonctionnaire redouté par les contribuables à celui de justicier. Après avoir lancé des centaines de contrôles fiscaux pendant des années, j'ai fini par en dénoncer l'iniquité, inlassablement. Désormais, c'est moi qui aide, par mes publications, mes interventions, les contribuables en difficulté. Mettre mon expérience au service de la société est devenu ma priorité.

J'ai voulu évoquer ce qui s'est passé depuis mon premier livre.

Payer des impôts ? Bien sûr que nous devons le faire ! Mais pas sans comprendre pourquoi. L'impôt n'est plus tabou. Et certaines de mes propositions de réformes ont été adoptées par l'administration fiscale. N'est-ce pas la plus belle des récompenses, que de voir avancer ses idées pour plus de justice ?

Pourtant, sur le terrain, rien ne bouge : bien sûr, mon combat est juste, l'aide apportée au contribuable est souvent utile, mais mon action n'élimine en rien les abus commis par l'administration, les pièges de la fiscalité. L'enfer des impôts se referme trop souvent sur les contribuables.

Aujourd'hui, il faut aller plus loin que la dénonciation de cette situation. Car notre pays a besoin d'une réforme en profondeur, véritable levier d'un changement de société. L'impôt devient une clé pour sortir de la crise. Et plus encore, l'impôt « ré-humanisé », garant du patrimoine que nous laisserons aux générations futures. Un impôt sensé, reconnu et légitime.

Redonner son sens à l'impôt

L'impôt aujourd'hui, c'est quoi ? Une déclaration de revenus, un tiers provisionnel, un avis d'imposition ? Sous ce seul aspect, il ne vaut pas un sou. Au-delà de ces formules, il ne doit pas être un appât électoral quand on l'imagine à la baisse, ni un principe écorné par des transactions secrètes au bénéfice des quelques privilégiés.

Selon l'article 13 de la Déclaration des droits de l'homme, c'est une « contribution commune » et « indispensable [...] également répartie entre tous les citoyens, en raison de leurs facultés ». Rien à voir avec un maquis qui multiplie les échappatoires au profit des plus astucieux ou des plus fortunés.

Pourtant, l'impôt, première expression de la solidarité nationale, est un formidable outil pour construire une société. Exit les techniques complexes, les procédures réservées à quelques initiés, qui font de l'impôt un Da Vinci Code général fourmillant de milliers de lois complexes, illisibles, incohérentes, injustes que, pourtant, « nul n'est censé ignorer ».

L'impôt, en vérité, a perdu son sens, et nous avons souvent le sentiment de payer plus qu'il ne le faut, sans d'ailleurs savoir à quoi sera utilisé notre argent. Fort de ce constat, nous n'attendons qu'une chose de l'impôt : qu'il baisse ! Une vision commode, encouragée par les gouvernants, qui s'excusent presque de ne pas pouvoir réduire l'impôt autant qu'ils le voudraient. Distribuées au gré des lois de finances, les carottes fiscales confortent un peu plus le contribuable dans son idée que ce prélèvement est avant tout une sanction, presque intolérable. Frauder le fisc n'est-il pas devenu un sport national ? Les plus malins tentent de contourner l'écueil. Quant aux plus aisés, ils prennent carrément la route de l'exil. Le rejet de l'impôt l'emporte haut la main sur le civisme fiscal.

Un dossier explosif

L'impôt touche le contribuable en plein cœur, ou plutôt en plein portefeuille. Il faut du courage ou une sacrée dose d'inconscience pour vouloir réformer ce système. Conséquence ? On procède par petites touches. Les réformettes s'accumulent les unes sur les autres et notre système finit par ressembler à un millefeuille... totalement indigeste. Les lois de finances, plus épaisses chaque année, tentent de colmater les brèches d'un labyrinthe de plus en plus incohérent. L'impôt est à bout de souffle.

Seules de graves crises ont abouti à des réformes fiscales. Mais il faut remonter à la Révolution française pour assister à un changement radical, à travers l'abolition des privilèges et la fin des impôts indirects, mais aussi avec la mise en place de nouvelles dérives, comme la création de cet impôt farfelu qui était établi sur les portes et fenêtres ! Faudra-t-il une nouvelle Révolution pour promouvoir un changement en profondeur ?

Mais comment engager des réformes sans au préalable dévoiler la vérité sur notre fiscalité : notre système ressemble à un mammouth contemporain de l'âge de pierre ! Certes, l'administration tente de se moderniser, certes, ses relations avec les « usagers » s'améliorent, mais on ne peut ignorer toutes les zones d'ombre qui font de la fiscalité un véritable guet-apens pour le contribuable.

Offrir la plus grande transparence possible, pointer du doigt l'arbitraire, les dérives et la perversion du système, c'est ouvrir une brèche à la réforme qui est l'objet de ce livre.

Abus de faiblesse

L'exemple le plus frappant de cette perversion ? L'impôt sur l'ignorance, payé par ceux qui n'ont pas les moyens de s'offrir un conseil fiscal. Un impôt indigne. Et un énorme scandale, qui s'aggrave au fil du temps. En quoi consiste-t-il ? L'administration réclame trop souvent des impôts fantômes, qu'elle sait ne pas être dus, en pariant sur la peur et l'ignorance des contribuables. Mais le danger peut être plus grand : saisi d'un dossier, le service lance parfois illégalement des poursuites. Pour aller plus vite. Il dispose de mesures exorbitantes pour faire céder le justiciable, prêt à payer n'importe quoi pour que le cauchemar s'arrête. Les contrôles fiscaux ne devraient pas accroître les inégalités, et pourtant la réalité est parfois tout autre. Aujourd'hui, il y a d'un côté ceux qui savent ou qui sont entourés de conseils à la bienveillance chèrement facturée, et de l'autre, les autres, tous les autres. Ceux qui ne savent pas. Ceux qui croyaient savoir. Ceux qui sont seuls. Et tous ceux qui, broyés par les injustices du système, se sentent perdus, abandonnés.

Tout n'est pas mauvais chez nous. Même si beaucoup de choses méritent d'être enterrées. Il y a des erreurs à ne pas commettre une nouvelle fois, il faut évoluer et offrir une synthèse constructive pour une meilleure défense de l'intérêt général.

Notre système doit maintenant être analysé de façon réaliste, avec ses stigmates qui sont autant le fruit des politiques successives que le résultat d'une accumulation plus ou moins absurde. À ce jeu de dupes, l'impôt a perdu son âme. Il a fini par ressembler aux aspects obscurs de notre société lorsqu'elle devient arbitraire, contradictoire, sans projet fédérateur.

La vérité c'est que notre fiscalité est à bout de souffle.

Il est temps de poser, voire d'imposer des règles du jeu à la fois dynamiques et à la hauteur des nouveaux enjeux.

Sept grands chantiers doivent être ouverts : la refonte du code des impôts pour plus de clarté et de justice ; la réforme de l'impôt sur le revenu dont la base doit être élargie pour plus de solidarité ; la suppression de l'impôt sur la fortune ; la création d'une vraie « fiscalité verte » ; la création de taxes solidaires ; la lutte contre les paradis fiscaux ; et enfin l'harmonisation fiscale européenne.

« Ne dites pas après moi le déluge, mais après moi l'âge d'or. » Cette phrase du commandant Cousteau qui trouve aujourd'hui tout son sens écologique peut être transposée à la matière fiscale. C'est un impôt de l'âge d'or dont notre pays a besoin, capable d'incarner, enfin, la solidarité et le partage. Ainsi régénéré, il pourra favoriser la transition vers le monde des nouveaux défis :

maintenir la paix, protéger l'environnement, mettre fin à la pauvreté.

De notre volonté dépendra la réussite de cet ambitieux projet.

Réformé, l'impôt de l'âge de pierre n'est plus un boulet, mais un roc pour construire une société meilleure. Celle que nous laisserons à nos enfants.

CHAPITRE PREMIER

Le Da Vinci Code des impôts

Comme le Da Vinci Code, le code des impôts a ses arcanes. Ce n'est pas le mystère de la foi mais celui des lois... Et le percer n'est pas chose facile. Beaucoup se sont perdus dans ce labyrinthe sans fin où s'accumulent plus de deux mille textes hétéroclites : des lois poussiéreuses, oubliées, obsolètes, incomplètes ou hypocrites, destinées à faire passer en catimini une disposition gênante, des lois incohérentes symbolisant une fiscalité sans colonne vertébrale, des lois votées mais jamais appliquées... La liste serait interminable.

Bref, l'ensemble de la législation fiscale est si disparate et si touffue, que les plus hautes autorités dans le domaine[1] ont fini par avouer que le code des impôts était « quasi illisible ». Un doux euphémisme.

Comment de tels textes peuvent-ils voir le jour ? Une clé doit bien exister pour pénétrer le code des impôts. Sinon, il n'aurait certainement pas survécu à plus d'un demi-siècle.

1. Rapport du Conseil des impôts sur les relations entre les contribuables et l'administration fiscale, novembre 2002.

Un principe indiscutable

« C'est la loi… » Sempiternelle réponse à laquelle est renvoyé le contribuable qui ne comprend pas l'imposition qu'on lui réclame. Cette fameuse législation, il n'en a bien sûr jamais entendu parler. Allez expliquer à un père qu'il faut payer l'impôt sur les loyers qu'il aurait dû réclamer à son fils. Ou encore, que faute d'avoir été enregistré, le prêt accordé par un ami est imposable. Alors que j'étais vérificateur, et que je m'évertuais à expliquer l'inexplicable, je trouvais avec soulagement un allié en la personne du conseil du contribuable. Lorsque son client se tournait vers lui, plein d'espoir, il s'entendait dire « effectivement… c'est comme ça ».

Code d'accès à la vie en société, la loi trace la frontière entre ce qui est permis et ce qui est interdit, entre ce qui est à déclarer et ce qui est exonéré. Elle est au cœur de la fiscalité, c'est elle qui définit les revenus imposables et les opérations taxables, elle qui autorise l'administration à prélever l'impôt, usant au besoin de moyens exorbitants. C'est dire son pouvoir. Toutes ces prérogatives lui sont reconnues par l'article 34 de la Constitution de 1958 : « La loi fixe les règles concernant l'assiette, le taux et les modalités de recouvrement des impositions de toute nature. »

Il est donc urgent de savoir comment est fabriqué l'impôt, de quelles secrètes tractations il est le fruit, pour essayer de s'y retrouver dans ce bric-à-brac injuste… Mais légal.

La fabrication de la loi : un vrai casse-tête

Au départ, l'initiative appartient soit au gouvernement, et il s'agit alors d'un projet de loi, soit au Parlement, s'il s'agit d'une proposition de loi. Dans la plupart des cas, l'initiative vient du gouvernement : la matière est si technique qu'elle requiert les fiscalistes les plus pointus. Les textes gouvernementaux sont préparés par la Direction de la législation fiscale, rattachée au ministre de l'Économie et des Finances. Un travail de bénédictins qui va suivre un chemin semé d'embûches… Et de déformations inévitables. Finalisé, lu et relu, soupesé virgule après virgule, le projet est proposé au conseil des ministres après avis du Conseil d'État. Une fois accepté et un peu modifié, le voilà soumis au vote du Parlement, en passant par la moulinette de l'Assemblée nationale, de ses amendements et modifications diverses. Finalement approuvé par les députés, il atterrit au Sénat, qui peut décider de le voter en l'état. Dans ce cas, la procédure est terminée. Évidemment, cela n'arrive jamais. Ce serait trop simple. Les sénateurs vont au contraire s'appliquer à voter le texte dans des termes différents de ceux adoptés par l'Assemblée nationale. Une nouvelle lecture est alors nécessaire pour qu'un accord intervienne… ou pas, selon l'humeur des uns et des autres. Si elle finit miraculeusement par être votée, la loi n'a pas pour autant terminé son parcours. Le président de la République, le Premier ministre, les présidents de l'Assemblée nationale ou du Sénat, ou encore soixante députés ou sénateurs peuvent soumettre la loi au « laser » du Conseil constitutionnel. Cette instance suprême a alors trente jours pour dire si le résultat final est conforme, ou non, à la Constitution.

Une nouvelle loi est donc un vrai casse-tête, d'autant que le timing est serré : quand il est présenté après l'été, le projet législatif doit absolument être voté fin décembre pour être inséré dans la nouvelle loi de finances.

Attendue par les fiscalistes, les journalistes et l'administration, chaque nouvelle loi, rescapée d'un interminable marathon, est promulguée par le président de la République, qui atteste ainsi de son vote régulier et la rend exécutoire. Elle est ensuite publiée au *Journal officiel.*

Millefeuille fiscal

Bric-à-brac de textes empilés les uns sur les autres, le droit fiscal repose sur une hiérarchie précise : au sommet de la pyramide, trônent les traités internationaux. Il s'agit souvent de conventions fiscales dont l'objet est d'éviter une double imposition de personnes ayant des intérêts dans deux pays, et de déterminer le pays qui a seul le droit d'imposer un revenu.

Juste en dessous : l'Europe. En matière de fiscalité, les États sont maîtres à bord, mais les traités communautaires s'imposent à eux. La Convention européenne de sauvegarde des droits de l'homme et des libertés fondamentales est une avancée, même si en matière fiscale les États conservent leur souveraineté. La Cour européenne des droits de l'homme vient récemment d'épingler la France à deux reprises sur les failles des perquisitions fiscales.

Et c'est ainsi que l'on arrive au niveau suivant, celui des États.

En France, l'article 34 de la Constitution accorde une large compétence au Parlement, qualifié pour examiner la légitimité de tous les impôts. En réalité, ce pouvoir est réduit, puisque les lois votées émanent le plus souvent du gouvernement. Dans ce cas, le Parlement se borne à voter des amendements.

Ensuite, vient le pouvoir réglementaire : le Parlement peut habiliter le gouvernement à prendre des mesures fiscales à travers des ordonnances, peu utilisées, qui seront sur un pied d'égalité avec la loi. D'autre part, les décrets du Premier ministre précisent au besoin les modalités d'application des textes législatifs. Enfin, les arrêtés émanent du ministre de l'Économie et des Finances.

Enfin, dernier palier du droit fiscal, la doctrine administrative d'un côté, la jurisprudence de l'autre. Quand elle est chargée de l'appliquer, l'administration a le pouvoir d'interpréter une loi, pour la préciser ou la compléter. Quant aux tribunaux administratifs, il leur appartient souvent d'éclaircir les points litigieux dans l'application d'une loi, et de définir ce qu'il faut comprendre dans un texte abscons. Autant dire que la jurisprudence est sans fin !

Trop de lois tuent la loi

Des textes jusqu'à la nausée ! Pour effacer chaque problème, les gouvernements dégainent une loi, comme si leur action se mesurait au nombre d'articles pondus dans l'année. L'inflation législative touche la fiscalité de plein fouet, en accentuant encore son instabilité. L'imposition forfaitaire annuelle sur les sociétés est un modèle du genre : instituée en 1974, elle frappait toutes les sociétés, même déficitaires, qui devaient s'acquitter d'un montant unique. Ce forfait était ensuite déductible de l'impôt sur les sociétés. En 1984, le montant unique de l'IFA est supprimé. Désormais, il est calculé en fonction du chiffre d'affaires. La loi du 26 juillet 2005 va modifier le seuil d'imposition, porté de 76 000 euros à 150 000 euros. Cinq mois après son adoption et avant même son application, le Parlement vote une nouvelle mesure qui met ce texte hors service, porte le seuil d'imposition à 300 000 euros et supprime la déduction de l'IFA de l'impôt sur les sociétés. Mais ce n'est pas fini. Pour compliquer un peu plus les choses, une nouvelle modification intervient dans la loi de finances pour 2007, qui porte le seuil d'imposition à 400 000 euros. Montant porté à 1 500 000 euros à compter du 1er janvier 2009. Suite et fin du feuilleton de l'IFA : la loi de finances pour 2009 la supprime progressivement sur trois ans. Juste avant que plus personne ne sache quel palier d'imposition prendre en compte.

Autre exemple de cette incontinence législative, la loi de finances pour 2008 a adopté cinq nouvelles mesures concernant la taxation des revenus mobiliers : la suppression de l'impôt sur les opérations de bourse, le relèvement du seuil annuel, l'option pour le prélèvement libératoire sur les dividendes, l'augmentation de l'imposition des revenus et des plus-values.

Tels les éphémères, des lois vivent le temps d'un vote, certaines n'étant même jamais appliquées. La loi de finances pour 2009, votée en décembre 2008, accordait une réduction d'impôt de 5 % pour les investissements dans les résidences services pour personnes âgées, ou étudiants. Visiblement jugé trop frileux, ce dispositif n'a même pas eu le temps de s'appliquer, puisque la loi de finances rectificative, votée quelques mois plus tard, a gonflé la réduction d'impôt à 25 %. Qui s'en est rendu compte ?

Cette boulimie devient un facteur d'instabilité. Le rapport sur la sécurité juridique en matière fiscale remis en juin 2008 au ministre du Budget, par Olivier Fouquet, président de section au Conseil d'État, enfonce le clou : « L'instabilité de la norme, même si elle existe dans tous les pays, atteint en France une dimension paroxystique : 20 % des articles du CGI sont modifiés tous les ans [...]. » Prime pour les éditeurs, déprime pour le contribuable aux aguets, toujours en retard d'une loi. Quant au grand public, il a renoncé à y comprendre quoi que ce soit. Et le pire, c'est qu'il a raison.

Soyez plus clairs !

« Les lois sont des toiles d'araignées à travers lesquelles passent les grosses mouches et où restent les petites. » Si Balzac avait pu feuilleter notre code des impôts, il aurait peut-être décliné l'intégralité de *La Comédie humaine* à partir de ces 2 000 articles. Prenons l'un d'entre eux, presque au hasard, le 1020 : « Les dispositions sujettes à publicité foncière des actes visés aux articles 1025, 1030, 1031, 1053, 1054, 1055, 1066, 1067, 1087 et 1088, ainsi que de ceux relatifs aux opérations visées aux articles 1028, 1029, 1037 et 1065, au II de l'article 1069 et aux articles 1070, 1071, 1115, 1131, 1133, 1133 *ter* et 1133 *quater*, sont assujetties à une taxe de publicité foncière, ou à un droit d'enregistrement de 0,60 % lorsqu'elles entrent dans les prévisions des 1° à 4° de l'article 677. Dans le cas contraire, et sauf exonération, ces dispositions sont soumises à une imposition fixe de 25 euros. Celle-ci s'applique, dans tous les cas, aux dispositions sujettes à publicité foncière des actes relatifs aux transmissions de biens visés à l'article 1039. » Vous l'avez lu en entier ? Félicitations. Le pire reste que ce n'est pas un cas isolé. Le 54 *septies*, avec plus d'une vingtaine de renvois à d'autres articles, pourrait facilement lui tenir la dragée haute.

C'est pour permettre un accès plus direct à l'ensemble des textes fiscaux que le législateur les a rassemblés en 1950 dans le code général des impôts (CGI). À ce pavé indigeste, il fallut ajouter, trente ans plus tard, le Livre des procédures fiscales, histoire de traiter plus en détail du contentieux de l'impôt et des contrôles fiscaux. Sacré programme !

Percer les arcanes du code des impôts suppose d'en avoir la clé. En voici les prémices : les articles sont d'abord classés par numéro (1, 2, etc.). Le latin vient à la rescousse pour distinguer les articles ayant le même numéro (*bis*, *ter*, etc.). Vient ensuite s'ajouter une lettre en capital (A, B, C...) et si nécessaire, un petit retour au latin (*bis*, *ter*). C'est ainsi qu'on obtient l'article 1649 *undecies*, l'article 163 *unvicies* ou encore l'article 1649 *quater* E *bis*. Qui dit mieux ?

Le plus simple pour y voir plus clair : tenter d'écarter l'application du code. Ainsi, un contribuable plus malin que les autres a voulu se prévaloir des privilèges octroyés en 1241 pour écarter les dispositions du code des impôts. Aux termes d'un procès rocambolesque, la cour d'appel de Bordeaux s'est finalement appuyée sur l'article 10 du décret de l'Assemblée nationale constituante des 4, 6, 7, 8 et 11 août 1789 : « ... Il est déclaré que tous les privilèges particuliers des provinces sont abolis sans retour. » À bon entendeur, salut !

Y a-t-il un interprète dans le code ?

La loi ne se suffit plus à elle-même. Son ambiguïté, son imperfection et sa complexité nécessitent de l'interpréter à la première occasion. C'est le rôle du juge et surtout de l'administration, qui ne se prive pas d'user largement de cette opportunité. Ces commentaires et autres éclaircissements assurent, par voie d'instructions ou de circulaires, l'uniformisation de l'interprétation des textes sur tout le territoire. Ça, c'est le côté positif des choses. La doctrine administrative, si elle n'est pas contraire à la législation en vigueur, devient opposable aux contribuables. Un sacré pouvoir, qui n'est pas sans risque. Par exemple, alors que chacun peut invoquer la loi en vigueur au moment des faits, cette garantie n'existe pas pour les interprétations de l'administration. C'est le problème de l'opposabilité de la doctrine. Heureusement, l'article L80A du Livre des procédures fiscales, une spécificité du droit fiscal, supprime cette insécurité. Il garantit le contribuable contre les changements d'humeur. En clair, l'administration ne peut pas retourner sa veste. Toutes ses décisions individuelles, propositions de rectification, décisions à la suite d'une réclamation, réponses à une demande, lui sont opposables. Celui qui s'est conformé à une interprétation écrite des services fiscaux ne peut pas faire l'objet d'un redressement. Cette garantie concerne aussi les réponses du ministre de l'Économie et du ministre du Budget, lorsqu'ils interprètent un texte fiscal. En revanche, inutile d'invoquer la réponse d'un autre ministre. Leur avis ne vaut pas grand-chose face à l'impôt.

Par cette garantie accordée au contribuable, l'administration se voit reconnaître le pouvoir de légiférer. Sa parole a force de loi. Mais rien ne dit qu'elle ne se trompe pas dans son interprétation. Un exemple parmi d'autres : l'article 194-II du CGI accorde une demi-part supplémentaire aux contribuables célibataires ou divorcés vivant seuls et supportant effectivement la charge de un ou plusieurs enfants. De son côté, l'article 196 *bis* du CGI dispose que la situation et les charges de famille sont celles existantes au 1er janvier de l'année d'imposition, sans que cette condition soit forcément remplie tout au long de l'année. Une instruction accordait la demi-part uniquement à la personne vivant seule toute l'année du 1er janvier au 31 décembre. À l'évidence, l'instruction ajoutait une condition défavorable, non prévue par la loi. Un contribuable attaqua l'instruction devant le Conseil d'État, qui lui donna gain de cause.

Certes, n'importe quel citoyen directement concerné peut s'insurger contre une doctrine illégale, mais en attendant, nombreux sont ceux qui auront payé à tort. Heureusement, la loi protège contre les interprétations erronées, à travers le recours pour *excès de pouvoir*. Les contribuables peuvent donc contester un redressement. Mais combien en ont le courage… Et les moyens ?

Des précisions qui tardent

Les instructions de l'administration ont bien d'autres vices. Leur lenteur, par exemple. Même si les agents du fisc ont adopté le courriel pour répondre aux questions, cette avancée technologique est l'arbre qui cache la forêt. Un système à deux vitesses : l'une avance à grands pas, quand l'autre reste bloquée sur place.

Alors que l'avantage Robien concernant l'immobilier locatif a été mis en place en 2003, les précisions concernant son application ont été publiées… deux ans plus tard. La loi en faveur du travail, de l'emploi et du pouvoir d'achat, surnommée loi Tepa, avalisée en août 2007, accorde un crédit d'impôt sur les intérêts d'emprunt pour l'acquisition de la résidence principale. Un coup de pouce très attendu et très commenté, censé favoriser l'accession au logement. Qui peut en bénéficier ? La loi est muette sur la date d'acquisition du bien, à partir de laquelle il est possible de profiter de l'avantage. Les spécialistes et autres journalistes évoquaient la date du 6 mai 2007, jour de l'élection du président de la République. Prudente, l'administration, interrogée par de nombreux contribuables, a refusé de se prononcer. Ce n'est que le 10 avril 2008, presque un an après le vote de la loi, que l'instruction est publiée, confirmant la date du 6 mai 2007.

Autre exemple, les jobs d'été des étudiants, exonérés d'impôt sur le revenu jusqu'à trois fois le montant mensuel du Smic. Depuis la loi de finances pour 2008 votée fin décembre 2007, cette disposition concerne les jobs exercés toute l'année et non plus pendant les seules vacances scolaires. Très vite, les questions fusent… Notamment, quid des bénéficiaires des contrats en alternance ? Il faudra attendre l'été suivant pour que Bercy publie l'instruction sur les conditions d'abattement. Huit mois… Est-ce le délai minimum ? Ces retards inexplicables de l'administration à préciser la loi ont bien sûr des incidences. Faut-il attendre l'interprétation ou profiter immédiatement des avantages édictés par le nouveau texte, même obscur ? Dans le doute, certains conseils fiscaux vont même étudier les débats parlementaires, pour s'imprégner de l'esprit dans lequel il a été voté. Un professionnalisme de haut vol, souvent inaccessible au contribuable moyen.

Lente pour expliciter une loi imprécise, l'administration est aussi lente pour appliquer des décisions de justice trop coûteuses. Jouer la montre pour épargner les finances publiques... Tout commence lorsque les tribunaux rendent des décisions défavorables au fisc. La seule solution pour éviter que cette nouvelle jurisprudence ne se répande comme une traînée de poudre ? Ne pas l'appliquer. En tout cas, pas tout de suite. En réalité, le plus tard possible. En avril 2005, la Cour de cassation a jugé que la prestation compensatoire sous forme de rente, perçue par l'ex-conjoint à la suite d'un divorce, ne devait pas être déclarée à l'ISF. L'instruction confirmant cette décision est publiée en mai 2008. Trois ans après la décision de la Cour ! Lenteur payante, l'année 2005 et les années précédentes étant alors prescrites, il était trop tard pour réclamer le remboursement de ces années.

Comprenne qui peut

Un impôt incompréhensible n'est pas une curiosité, c'est un pléonasme. Au final, la complexité de l'impôt arrange tout le monde, et en premier lieu le contribuable, qui trouve là une bonne raison de se plaindre sans plus chercher à comprendre. Pour les fiscalistes, cette complication est l'assurance d'un gagne-pain dodu et généreux. Quant à l'administration, elle y puise le moyen d'affirmer sa domination sans effort.

Le seul argument recevable pour justifier cette usine à gaz qu'est devenu le CGI devrait être le souci de justice du fisc. Contrairement aux taxes indirectes, la principale qualité de l'impôt sur le revenu n'est-elle pas de pouvoir s'ajuster à chaque situation ? Prenons le cas du quotient familial, c'est-à-dire la prise en compte par l'administration de la composition de chaque foyer fiscal pour ajuster l'assiette de l'impôt, et donc son montant. Le principe de base ? Chaque enfant compte pour une demi-part. À partir du troisième, la demi-part se transforme en une part. Pour compliquer les choses, un contribuable vivant seul avec un enfant en garde alterné n'a pas le même quotient qu'un célibataire sans enfants. Un parent isolé a droit à une part entière pour le premier enfant à charge. Mais le jour où il décidera de vivre en concubinage, il perdra cet avantage, ce qui n'aurait d'ailleurs rien changé s'il avait déclaré une simple colocation. Cerise sur le gâteau, un enfant mineur en garde alternée ne compte plus que pour un quart de part. Moralité, il faut vraiment bien réfléchir avant de cocher les cases sur sa déclaration. Et bien réfléchir avant de déménager. Entre une législation trop simple, et une législation kafkaïenne, quel est le juste milieu ?

De multiples dispositions compliquent encore le calcul de l'impôt : réductions, déductions, crédits, abattements, seuils. À tout cela, s'ajoutent une ribambelle de niches fiscales distribuées au gré des gouvernements. Conquises de haute lutte par les différents lobbyings, elles sont plus d'une centaine pour contrecarrer le seul impôt sur le revenu, et pas loin de 500 au final. Enfin, il faut joindre à cela que chaque type de revenus a ses modalités propres de détermination, la base imposable d'un salarié ne se calculant pas de la même façon que le bénéfice d'un commerçant ou que celui d'un travailleur libéral.

L'impôt évolue au gré des politiques, de la conjoncture économique et de l'humeur de législateur. Supprimé, un avantage est aussitôt remplacé par un autre, apparemment plus incitatif, quand il ne renaît pas de ses cendres plusieurs années après. Prenons un exemple : l'acquisition de l'habitation principale donne droit depuis 2007 à un crédit d'impôt sur les intérêts. Si l'on regarde dans le rétroviseur fiscal, on s'aperçoit que cet avantage révolutionnaire avait déjà été accordé en 1983 sous la forme d'une réduction d'impôt sur les intérêts d'emprunt, avant d'être supprimé en 1997. Le plus drôle, c'est que beaucoup de contribuables étaient convaincus qu'il existait encore.

Sur un plan pratique, il est devenu plus facile et plus rapide de déclarer ses revenus à travers la télédéclaration, les formulaires simplifiés ou préremplis, puis validés par simple appel téléphonique. Les régimes des micro-entreprises, celui du micro-foncier simplifient également la tâche des contribuables. Pas de comptabilité, pas de déclaration professionnelle, il suffit juste de porter les recettes réalisées sur la déclaration de revenus pour que les logiciels de l'administration appliquent un abattement forfaitaire pour charges. Pourtant, jamais la fiscalité n'a été aussi compliquée. Étrange paradoxe.

Les multiples régimes locatifs immobiliers inventés ces dernières années obscurcissent particulièrement les choses. Entre Robien et Borloo, il faut choisir. Pas facile, puisqu'il convient de considérer non seulement l'avantage fiscal, mais aussi la conjoncture, l'emplacement du bien, sa plus-value potentielle en cas de revente, etc. Pour 2009, pas moins de trois régimes cohabitaient, le Robien, le Borloo et le Scellier[1]. Il appartient à chaque contribuable de comparer des systèmes absolument

1. À compter du 1er janvier 2010, le régime Scellier se substitue au Borloo et au Robien.

incomparables, puisqu'ils ne jouent pas forcément sur les mêmes mécanismes. Reste le coup de dé, le joker ou l'appel à un spécialiste, qui, soyons très honnête, finit lui-même par se perdre entre tous les systèmes d'optimisation fiscale.

Une décision historique

Le Conseil constitutionnel a cristallisé le ras-le-bol des contribuables en annulant l'article 78 de la loi de finances 2006 plafonnant les niches fiscales. Votée par le Parlement, la loi prévoyait que l'avantage ne devait pas excéder 8 000 euros par foyer à compter de l'imposition des revenus de 2006. Bien malin qui pouvait s'y retrouver, le texte ayant atteint une complexité délirante. Les sages n'y sont pas allés de main morte, à lire les termes mêmes de cette décision historique :

« Considérant que l'égalité devant la loi énoncée par l'article 6 de la Déclaration de 1789 et “la garantie des droits” requise par son article 16 ne seraient pas effectives si les citoyens ne disposaient pas d'une connaissance suffisante des règles qui leur sont applicables et si ces règles présentaient une complexité excessive au regard de l'aptitude de leurs destinataires à en mesurer utilement la portée ;

[...] Considérant qu'en matière fiscale, la loi, lorsqu'elle atteint un niveau de complexité tel qu'elle devient inintelligible pour le citoyen, méconnaît en outre l'article 14 de la Déclaration de 1789, aux termes duquel : “Tous les citoyens ont le droit de constater, par eux-mêmes ou par leurs représentants, la nécessité de la contribution publique, de la consentir librement, d'en suivre l'emploi, et d'en déterminer la quotité, l'assiette, le recouvrement et la durée."

[...] Considérant qu'il résulte de tout ce qui précède que la complexité de l'article 78 de la loi de finances pour 2006 est à la fois excessive et non justifiée par un motif d'intérêt général suffisant ; qu'il y a lieu en conséquence, sans qu'il soit besoin d'examiner les autres griefs de la saisine, de déclarer cet article contraire à la Constitution. »

Dans cette décision du 29 décembre 2005, le Conseil constitutionnel ne fait pas dans la dentelle : complexité excessive, caractère incompréhensible de l'article 78... Si les sages décidaient de s'attaquer au code général des impôts, on peut imaginer qu'ils le supprimeraient en totalité pour les mêmes raisons.

« La chose au monde la plus difficile à comprendre est l'impôt. » La loi de finances pour 2009 donne raison à Einstein. Le plafonnement des niches fiscales a refait surface, mais il n'est guère plus simple que celui retoqué par le Conseil constitutionnel en 2006. Cette fois-ci, les niches sont plafonnées à 25 000 euros au lieu de 8 000 euros, plus 10 % des revenus imposables, ce qui suppose de connaître le montant de son revenu imposable dès le début de l'année. Une telle disposition relève de la lecture de l'avenir dans le marc de café. Une augmentation imprévue du revenu risque d'être pénalisante. Là où les choses se compliquent, c'est que les 10 % se calculent sur le revenu net, sans prendre en compte les revenus soumis au prélèvement libératoire. En choisissant donc d'opter pour l'imposition des revenus à l'impôt progressif, la base de calcul de la niche fiscale s'élève. Ne parlons même pas des détenteurs d'actions, c'est encore plus compliqué !

On pensait que la simplification de la déclaration de revenus irait de pair avec un effort de simplification, de transparence de la loi. Il n'en est rien. Les progrès réalisés, fort louables, concernent essentiellement certaines formalités, la déclaration et le règlement de l'impôt sur le revenu. Améliorer la forme sans faire évoluer le fond ne suffira pas à réconcilier le contribuable avec l'impôt, il faut aller plus loin. L'emballage a changé, le goût reste le même. Amer. Mais si la même énergie pour moderniser l'impôt est utilisée pour le rendre plus compréhensible, plus transparente, tout est possible.

CHAPITRE 2

Jeu de lois fiscales

Si le contribuable s'intéressait à la loi, il découvrirait avec stupeur qu'elle ne ressemble pas toujours à l'idée qu'il peut s'en faire. L'hémicycle, lors du vote de la loi de finances, est le théâtre de la comédie humaine et fiscale. Ceci explique cela.

Le verso de la loi

L'impôt est un fourre-tout hétéroclite, qui permet, au hasard d'une modification médiatisée, de faire passer en catimini toutes sortes de dispositions, parfois gênantes. Uniquement détectées par quelques spécialistes au sens critique aiguisé, elles sont révélées bien plus tard au grand public. Souvent trop tard.

L'ISF, par exemple, a été supprimé de fait. Vraiment ? Oui, puisqu'il est très simple de le faire disparaître à travers une réduction d'impôt pour investissement dans une PME ou une donation à des organismes d'intérêt général. Et pourtant, l'impôt sur la fortune est maintenu en droit. Alors que la tendance est au plafonnement des niches fiscales en matière d'impôt sur le revenu, l'ISF se dissout dans ces mêmes renfoncements de la loi. Une réforme qui ne dit pas son nom. Pendant ce temps, le grand public, écarté de ces mécanismes, se réjouit de savoir que l'ISF existe. Difficile de toucher à un impôt symbole.

Avec la réforme Villepin, les tranches du barème de l'impôt sur le revenu sont passées de 7 à 5. Le taux de la dernière tranche a chuté de 48,09 % à 40 %. Enfin, l'abattement mythique de 20 % dont bénéficiaient les salariés est inclus dans le barème. Rien à redire. Mais, ce qui n'est pas dit, c'est que, jusqu'alors, l'abattement de 20 % était plafonné pour éviter que les plus fortunés réduisent trop lourdement leur impôt. Avec la modification du barème, non seulement ils bénéficient de la baisse de 48,09 % à 40 % mais encore de la suppression du plafonnement. Double bonus passé inaperçu sous un nuage de fumée.

Le plus important réside donc dans l'effet d'annonce d'une mesure. Tant pis si, au bout du compte, l'avantage annoncé profite seulement aux plus aisés. Signalée comme une aide aux actionnaires, la possibilité d'opter pour un prélèvement libératoire de 18 % s'est finalement révélée décevante. Jusqu'alors, les dividendes étaient imposables selon le barème progressif de l'impôt sur le revenu. Désormais, chacun peut donc opter pour ce prélèvement, et optimiser ainsi sa situation. De quoi réjouir les actionnaires ? Simulations à l'appui, il est apparu que pour la majorité des petits porteurs, le prélèvement libératoire était moins intéressant que le régime de droit commun. Discrétion de mise sur cette mauvaise surprise.

Une certaine idée de l'équité

Chaque loi de finances a son cheval de bataille. Une façon de faire savoir que les lois ne sont pas votées au hasard et que les projets s'articulent autour de priorités cohérentes. En 2005, le gouvernement Villepin avait tout misé sur la baisse des impôts. En 2006, de nouveau, l'urgence était de stopper l'hémorragie des riches : 450 grosses fortunes quittaient l'Hexagone chaque année. Terrifiant constat ! L'impôt sur le revenu, mais surtout l'ISF et les droits de succession devinrent les coupables désignés. L'heure était à la préservation de cette espèce en voie de délocalisation. Après les Danois et les Suédois, les Français ont donc découvert le bouclier fiscal. Une protection censée dissuader les riches d'aller voir ailleurs. Le montant des impôts ne pouvait plus excéder 60 % des revenus. Une façon de déjouer des situations invraisemblables, comme certains contribuables finalement contraints de verser 80 % et plus de leurs revenus à l'État. Les modestes retraités de l'île de Ré, dont le patrimoine avait été démultiplié quand leur retraite s'amenuisait d'autant, ne savaient pas encore qu'ils serviraient de prétexte médiatique à ce mécanisme. Apparemment, le bouclier fiscal avait été conçu pour les protéger. En réalité, il visait quand même à réduire l'impôt des plus gros contribuables. Grâce à la protection qu'il offrait, et entouré de bons conseils, il devenait possible d'échapper à l'ISF.

En 2007, nouvelle orientation très médiatisée : le paquet fiscal. Ce package, lancé dans la foulée de l'élection présidentielle, part du principe qu'il faut réduire l'impôt des hauts revenus pour relancer l'économie.

Droits de succession à la trappe, bouclier fiscal ramené de 60 % à 50 %… Difficile de faire mieux.

Votée en pleine crise, la loi de finances 2009 ne pouvait décemment pousser le bouchon plus loin. Un bouclier fiscal à 40 % aurait provoqué une révolution. Quel cheval enfourcher ? Pas question de lancer une loi de finances sans thème porteur. Le gouvernement décide alors de focaliser l'attention sur la notion d'équité, un concept qui peut facilement faire l'unanimité. Qui oserait s'opposer à l'essence même de l'impôt ? Pour illustrer cet objectif soudain prioritaire, deux mesures sont prises sur-le-champ. La première concerne le plafonnement des niches fiscales, ce vieux serpent de mer défendu par les plus grands lobbys. Quant à la seconde, elle est assez surprenante, puisqu'elle s'attaque à la demi-part supplémentaire des personnes isolées. Voilà donc deux symboles forts de la justice fiscale ! Il n'y a aucune raison que seuls les plus fortunés trinquent, les plus modestes doivent aussi apporter leur tribut à l'équité fiscale – le contribuable qui défiscalise à gogo comme la veuve qui a sacrifié sa carrière pour élever ses enfants. L'équité n'épargne personne.

Désormais, les niches fiscales sont plafonnées et les contribuables fortunés auront plus de mal à gommer totalement leur impôt à travers le jeu des exonérations. Pourquoi ne pas carrément les supprimer ? L'argument opposé à chaque évocation de cette disparition forcée, c'est le soutien à l'investissement. L'impôt fonctionne sur le principe des vases communicants : ce qu'on prélève d'un côté dans la poche des contribuables ne peut plus, de l'autre, être injecté dans l'économie. Si les niches soutiennent le système, alors on les garde. Et au pire, on les plafonne.

Cette fois, la loi est passée, et l'économie globale qu'on peut tirer des niches fiscales a été limitée. Dans la ligne de mire, les Dom-Tom, les Malraux et les locations meublées. Les monuments historiques ont échappé de peu à la rafle, la culture reste protégée et les objets d'art sont depuis l'origine exonérés d'ISF. Les exonérations notamment retenues pour le calcul du plafond sont la réduction d'impôt sur les emplois à domicile, celle des intérêts d'emprunt et les dépenses d'économies d'énergie.

Ce n'est pas tout, les avantages fiscaux spécifiques ont aussi été encadrés avec un peu plus de rigueur : la réduction d'impôt pour les investissements dans les Dom-Tom, par exemple, qui navigue de 20 % à 70 %, est désormais plafonnée. Quant au régime paradisiaque des locations meublées, grâce auquel on peut déduire sans limite les déficits du revenu global, il est désormais réservé aux bailleurs meublés professionnels.

Sans la crise de 2008, il n'aurait pas été question de moraliser l'économie. Ce mot-valise, qui s'applique autant aux pratiques bancaires qu'aux dérives fiscales, rassure le public et les journalistes à bon compte. Mais que l'on ne s'y trompe pas, cette apparente équité est le fruit de tractations acharnées, et de compensations juteuses. Pour éviter de paraître trop indécent, l'abaissement du bouclier fiscal de 60 % à 50 % des revenus voté par les députés a facilité l'encadrement des niches fiscales. Une compensation en quelque sorte. Ceux qui profitent du bouclier sont les premiers à jongler avec les différentes mesures de défiscalisation. L'équité n'est pas un cri du cœur, mais le résultat de petits arrangements entre amis.

Surprenante ! C'est le moins que l'on puisse dire de l'autre mesure prise au nom de l'équité fiscale : la suppression de la demi-part de quotient familial dont bénéficient les personnes isolées ayant élevé des enfants. Qui n'a pas dans son entourage un vieux parent, une amie, un frère qui en bénéficient ? Il n'était venu à l'idée de personne de jalouser la demi-part de sa voisine, veuve ayant sacrifié sa carrière à ses enfants. Mais, allez savoir pourquoi, cette suppression apparaît subitement urgente… Tout autant que le plafonnement des niches fiscales. Et tandis que la télé-déclaration, le bouclier fiscal ou la déclaration préremplie avaient fait grand tapage, cette suppression a failli passer inaperçue. Heureusement, les parlementaires ont fait plus de bruit que prévu, et les associations familiales ont fini par comprendre ce qui se passait.

Par quel procédé insensé, cette suppression, non prévue dans le projet de loi de finances du gouvernement, allait-elle être adoptée ? C'est en fait l'Assemblée nationale qui a ajouté cette disposition lors du vote de la loi. Initialement, les députés entendaient la réserver aux personnes ayant élevé seules des enfants pendant cinq ans. Le Sénat enchaîne et va plus loin contre cette « prime au divorce » en la supprimant, purement et simplement. Après plusieurs navettes entre les Chambres, c'est la version initiale de l'Assemblée nationale qui est retenue, contre l'avis du gouvernement : la demi-part est réservée aux contribuables célibataires, divorcés ou veufs, vivant seuls, ayant un ou plusieurs enfants majeurs imposés distinctement et ayant supporté la charge d'un enfant pendant cinq années alors qu'ils vivaient seuls.

Voilà comment, au détour d'un amendement, on peut supprimer sans état d'âme une disposition utile aux plus démunis. Historiquement, la demi-part avait été accordée pour aider les veuves et les femmes divorcées sans travail. Certes, aujourd'hui, les divorces pour convenance fiscale existent, mais une demi-part écornée va-t-elle changer quelque chose à cette dérive encore marginale ? On peut en douter.

La suppression de la demi-part va parfois s'accompagner simultanément de l'augmentation de l'impôt sur le revenu, de la perte des allégements fiscaux et de la disparition de l'exonération de la redevance audiovisuelle. Le moment est peut-être mal choisi pour s'attaquer à la politique familiale. Ce n'est pas en taxant les personnes isolées, essentiellement des veuves, des personnes âgées, qu'on fera progresser la justice fiscale. Maigre consolation, la perte de la demi-part est étalée sur trois ans, le temps de s'habituer à payer plus d'impôt.

Plus grave, les mesures prises au nom de l'équité restent symboliques si elles ne s'accompagnent pas d'engagements quant à la répartition de l'économie réalisée. L'équité fiscale suppose deux conditions, la juste répartition de l'impôt et sa juste redistribution. Où va l'argent du plafonnement des niches ? Où partent les bénéfices de la suppression de la demi-part ? Aucun engagement n'a été pris à ce sujet et aucune information n'est disponible.

Un peu de cohérence…

Pour encourager les investisseurs, les actions détenues depuis plus de cinq ans bénéficient d'un abattement de 33 % par an, pour aboutir à une exonération totale de la plus-value au-delà de la neuvième année. Il semble donc paradoxal d'augmenter le taux d'imposition de 16 % à 18 %.

La fiscalité se construit parfois curieusement : lors du débat de la loi de finances 2008, l'option pour le prélèvement libératoire ayant été jugée trop favorable aux contribuables les plus fortunés, le prélèvement a été relevé de 2 %. Dans la foulée, les intérêts perçus par les petits épargnants titulaires d'un livret B se sont retrouvés pénalisés, puisque leur taux d'imposition a, lui aussi, été relevé dans les mêmes proportions.

Parfois, la combinaison de deux articles aboutit à une injustice. Les cessions de droits sociaux supportent un droit d'enregistrement de 3 % en application de l'article 674 du CGI. De son côté, l'article 726 du CGI prévoit un droit minimum de 25 euros. Ce montant correspond à 3 % de 833 euros, de sorte que toute somme inférieure à 833 euros est imposée à plus de 3 %. Celui qui, par exemple, cède des droits pour un montant de 300 euros est taxé à 8,33 %, bien plus que le taux de 3 % ! Les contribuables les plus modestes seraient donc taxés plus fortement que les autres ? Impossible ! Où serait donc l'équité ?

La loi TEPA de 2007 exonère de droits les dons jusqu'à 30 000 euros[1] en faveur d'un petit-enfant ou d'un arrière-petit-enfant. Mais où le législateur avait-il la tête en exigeant que le donateur ait moins de 65 ans et que le bénéficiaire soit majeur ? Être grand-père avant 65 ans d'un petit-fils de 18 ans est assez rare. Mais faire un don à 64 ans à un arrière-petit-fils de 18 ans relève de la fiction ! Deux ans après, dans le cadre de l'examen du projet de loi de finances pour 2010, les sénateurs ont proposé de supprimer cette absurdité. À défaut d'être applicables, les lois ont le mérite de faire sourire.

Les lois ne sont pas toujours cohérentes, elles partent parfois dans tous les sens, comme pour tenter de colmater une faille. Les niches fiscales en sont un bon exemple, puisque, à défaut de les supprimer, on va les plafonner

1. 31 395 euros pour 2010.

en superposant un plafond global et un plafond annuel. Qu'importe si cette superposition aboutit à une complexité jamais atteinte. Il serait beaucoup plus simple et juste d'éradiquer les véritables niches, d'autant que ces dispositions en demi-teinte rendent la finalité de l'impôt un peu floue. Préserver les privilèges tout en prônant une plus grande justice fiscale. Un exercice difficile.

Le mystère dévoilé du code des impôts

Tiraillée entre un souci de justice et les avantages des plus aisés à préserver, la suspicion à l'encontre des contribuables et la volonté d'instaurer de meilleures relations, la nécessité de simplifier la fiscalité et sa complexité accrue, la loi fiscale ressemble à un Quasimodo torturé qui ne sait plus où donner de la tête. À l'image de notre société ?

Les lois fiscales ressembleraient donc à des montres à complication, ciselées avec l'infini souci de les rendre impénétrables, comme l'explique le professeur Jean Lamarque : « L'hermétisme de la législation est nécessaire au pouvoir fiscal. La bureaucratie fiscale ne rend obscur et inintelligible le texte soumis à l'approbation du Parlement que pour mieux s'en approprier le contenu et conserver ainsi la maîtrise totale de son application[1]. »

Voilà donc percé le mystère du code général des impôts, à la fois reflet de l'incohérence de notre société

1. Jean Lamarque, « L'impôt sur le revenu et les droits de l'homme », dans Jean-Claude Martinez, *L'Impôt sur le revenu en question*, Litec, 1989.

et expression du pouvoir fiscal. En clair, si les lois sont trop lumineuses et faciles à appliquer, l'administration fiscale perdra ses prérogatives. Une refonte en profondeur du CGI doit donc s'accompagner d'un changement de mentalités des deux partenaires : l'administration et les contribuables.

Nous accusons les parlementaires de voter des lois complexes et inéquitables : il est vrai que leur responsabilité est engagée. Pourquoi la nôtre ne le serait-elle pas aussi ?

Pour avoir des lois en accord avec nous-mêmes, qui soient l'expression de nos valeurs, il faut vouloir véritablement changer. Gandhi disait : « Si tu veux changer le monde, commence par te changer toi-même. » Vouloir un impôt des temps modernes, c'est accepter de prendre ses responsabilités de citoyen, et parfois de changer de mentalité pour aller de l'égoïsme individualiste vers la prise en compte croissante de l'intérêt collectif.

Le pouvoir fiscal n'échappe pas à ce nécessaire changement, il doit aussi changer sa mentalité, rechercher la clarté des textes, expliquer l'impôt, ses enjeux, quitte à perdre une partie de son pouvoir. C'est cette évolution des mentalités des deux acteurs partenaires qui pourra transmuter l'impôt d'arrière-garde en impôt d'avant-garde, rendant possible le passage à un monde différent. Il faut refondre le code des impôts pour le rendre clair et compréhensible par tous. C'est un code de développement durable qu'il nous appartient de transmettre à nos enfants.

CHAPITRE 3

L'impôt sur l'ignorance

Plus de 2 000 articles du code général des impôts, 500 articles du livre des procédures fiscales, des milliers d'instructions, de notes ministérielles, de jurisprudences… Tout semble organisé pour que la loi fiscale soit intelligible pour quelques initiés, des fonctionnaires chargés de la faire appliquer aux conseils professionnels. L'impôt est une affaire de spécialistes. Après tout, le contribuable n'est pas là pour comprendre, mais pour payer ! Quelques courageux osent s'aventurer dans le labyrinthe fiscal. Pas assez riches pour s'offrir un conseil, persuadés de leur bonne foi, ils ont juré de prouver leur innocence. Incollables et pugnaces, ils obtiendront parfois le remboursement de sommes réclamées à tort, mais ils restent des exceptions. Quant aux autres, ceux à qui on a répété que « nul n'est censé ignorer la loi », leur incompétence les expose à chacune de leur déclaration et en bien d'autres occasions à devoir payer une taxe discrète, secrète et scélérate : l'impôt sur l'ignorance.

Au départ, il suffit de remplir machinalement sa déclaration de revenus, sans prendre le temps de déchiffrer les 8 pages de notice en petits caractères qui l'accompagnent, ou de ne pas prendre le temps de vérifier un avis d'imposition, ou encore de ne pas être informé des dispositions favorables. L'engrenage est fatal. Puisque vous n'avez pas demandé à bénéficier de telle exonération ou avantage, il va vous passer sous le nez. Choisir la mauvaise option, méconnaître les pièges du code, les parades, les stratégies « gagnantes », sont autant d'occasions, pour les plus modestes, de payer l'impôt au prix fort.

À l'écart des polémiques, cet impôt sur l'ignorance ne fait pas de vagues. Sans existence officielle, personne n'a jamais réclamé sa suppression ou menacé de quitter la France pour y échapper. Son coût ? Nul ne le connaît, mais il pèse lourd. Si lourd qu'il se veut discret. Légales ou pas, toutes les rentrées d'argent sont bonnes à prendre.

Aujourd'hui, le mal est trop grave. Il n'est plus possible de se taire, sauf à être complice de cette surtaxe insupportable.

Une déclaration piégée…

En 1916, Marcel Proust correspond avec son cousin au sujet de sa toute première déclaration de revenus, qui le laisse perplexe : « Mon cher Lionel, j'ai bien reçu la lettre de ta maison et m'excuse de n'y avoir pas encore répondu. Je m'excuse surtout de celle-ci. Son but est double. Je ne sais comment doit se faire la déclaration d'impôt sur le revenu, si je dois déduire du revenu les intérêts de mes dettes et contributions, ou les laisser déduire à l'administration… » Que dirait-il aujourd'hui ? La situation est bien pire. Et la déclaration préremplie n'a presque rien changé. Alors que les formalités sont simplifiées, la loi est de plus en plus complexe. Compléter au mieux de ses intérêts la déclaration de revenus relève de l'exploit : il faut avoir de bons réflexes, de la patience et de solides connaissances en fiscalité. Autant dire que la majorité des 36 millions de contribuables patine un peu, qu'il s'agisse d'inscrire le bon revenu dans la bonne case ou de choisir la meilleure option.

Cocher les bonnes cases

Deux cases de la déclaration doivent tout d'abord attirer l'attention. En premier lieu la case E, que vous devez cocher si, vivant seul, vous avez élevé au moins un enfant, aujourd'hui majeur et non déclaré à charge[1]. Ensuite, la case T vous concerne si vous vivez seul avec un enfant à charge. Dans les deux cas, vous allez bénéficier d'une demi-part supplémentaire, ce qui n'est pas négligeable. La case E est préremplie, il faut donc la rectifier si besoin. En revanche, la case T ne l'est jamais, elle doit être cochée chaque année, l'administration ne sachant pas à l'avance quels sont les enfants à votre charge pour l'année d'imposition.

1. Sous réserves de modifications de la déclaration de revenus 2009. À compter de l'imposition des revenus 2009, la demi-part est accordée aux contribuables, célibataires, divorcés ou veufs vivant seuls, ayant un ou plusieurs enfants majeurs imposés distinctement et ayant supporté la charge d'un enfant pendant cinq années alors qu'ils vivaient seuls. Cependant, le contribuable qui ne remplit pas cette condition mais a bénéficié de la demi-part en 2008, continue, à condition de vivre seul, à en bénéficier jusqu'en 2011, mais avec un avantage progressivement réduit.

Vérifier les montants inscrits

La déclaration préremplie comporte aussi des occasions de payer plus qu'on ne doit. Concernant les salaires, l'employeur peut avoir transmis un montant erroné à l'administration, en intégrant par exemple les indemnités journalières de maladie, déclarées de leur côté par les caisses de Sécurité sociale.

Les occasions pour un jeune salarié de payer à tort un impôt ne manquent pas. Ainsi, sont exonérés d'impôt les salaires des apprentis dans la limite du Smic annuel, les jobs d'étudiants jusqu'à 25 ans dans la limite de trois fois le Smic mensuel, ou les rémunérations perçues à l'occasion d'un stage de moins de trois mois intégré aux études. Imposables ou non, l'employeur déclare à l'administration la totalité des salaires versés, et c'est ce montant qui est reporté sur la déclaration préremplie. Il vaut donc mieux que le salarié connaisse les exonérations auxquelles il peut prétendre !

Autre exemple : certaines professions doivent particulièrement se méfier de la déclaration préremplie. Les assistants maternels ont le choix : déclarer à la fois leurs salaires et leurs indemnités, ou uniquement leurs salaires. En choisissant de mentionner toutes les sommes perçues, ils sont autorisés à déduire trois Smic horaires par journée de garde. La déclaration préremplie ignore bien sûr cette possibilité et tient compte des seuls salaires, option souvent moins intéressante pour le contribuable. Encore une occasion de cotiser à l'impôt sur l'ignorance.

Déduire ce qui est déductible

Lorsqu'un enfant a moins de 7 ans, sa garde à l'extérieur du domicile donne droit à un crédit d'impôt. Pour le calcul du crédit, il est possible de prendre en compte, outre les frais de garde, les indemnités payées à un assistant maternel pour couvrir les dépenses annexes – jeux, matériel d'éveil, eau, électricité –, à concurrence d'un montant forfaitaire par journée d'accueil. Encore faut-il connaître le Bulletin officiel des impôts 5B-13-06, n° 10.

Oublier de cocher les bonnes cases sur la déclaration de revenus fait perdre la réduction d'impôt à laquelle donnent droit les enfants scolarisés. Un avantage non négligeable, d'un montant de 61 euros pour un enfant au collège, 153 euros pour un lycéen et 183 euros pour un étudiant.

D'autre part, les enfants omettent souvent de déduire les aides en nature ou en numéraire accordées à leurs parents. Des loyers réglés, de la nourriture achetée, l'hébergement à la maison sont autant de frais déductibles au titre de la pension alimentaire. L'accueil sous son toit d'un ascendant sans ressources permet de retrancher de ses revenus une somme forfaitaire, sans justificatif. Il est aussi possible de déduire le coût de la maison de retraite des parents. Dans ce cas, plutôt que de verser aux parents une pension alimentaire, il vaut mieux régler directement la résidence pour personnes âgées, ce qui permet aux ascendants de ne pas avoir à déclarer cet avantage. Lorsqu'un enfant paie personnellement le salarié qui se déplace au domicile de ses parents, il peut également prétendre à une réduction d'impôt à hauteur de 50 % des dépenses engagées.

Le palmarès des niches fiscales 2008 est édifiant : la méconnaissance des avantages auxquels les contribuables ont droit reste abyssale. Par exemple, les étudiants n'ont été que 4 800 à bénéficier du crédit d'impôt adossé aux prêts souscrits pour financer leurs études. Plus frappant, on relève que seuls treize chômeurs, obligés cette année-là de déménager à plus de 200 km de leur domicile pour trouver un emploi, ont demandé à bénéficier de l'avantage fiscal correspondant. Quant aux autres, ils ont payé le prix de l'ignorance... Pas de battage médiatique, pour « repêcher » les bénéficiaires, comme cela a été pourtant fait avec le bouclier fiscal. Une fois la déclaration souscrite, le service des impôts ne contrôle pas les erreurs du contribuable en sa défaveur, qui passent en « pertes et profits ». Pertes pour le contribuable, bien sûr, et profits pour l'État.

Quand « opter » relève de la roulette russe

Les options offertes au contribuable sont une occasion rêvée de lui faire payer le prix fort. Faut-il rattacher ou non un enfant majeur ? Est-il plus intéressant de choisir les frais réels des salariés ? Quand faut-il opter pour le prélèvement libératoire ? Autant de questions qui se posent au moment de souscrire la déclaration.

Lorsque l'enfant est majeur, deux options sont possibles. Soit les parents rattachent leur enfant au foyer fiscal, soit ils déduisent une pension alimentaire. La plupart du temps, par facilité ou parce qu'ils pensent que c'est leur intérêt, les parents rattachent leur enfant, pour bénéficier d'une demi-part ou d'une part en plus dans le calcul de leur quotient familial. C'est en principe le meilleur choix si l'enfant n'a pas de revenus. Mais en fiscalité, toute certitude peut dissimuler un piège. Seule la calculette peut trancher, en tenant compte, si l'enfant n'est pas rattaché au foyer, de la perte de la demi-part, de la majoration des plafonds pour avantages fiscaux – crédits ou réductions d'impôt –, de l'abattement pour la taxe d'habitation, de la réduction d'impôt pour enfant scolarisé. Cerise sur le gâteau, l'enfant imposé distinctement doit payer la redevance audiovisuelle.

Autant d'occasions de faire le mauvais choix et de payer l'impôt au prix fort. Et quand on sait que cette option est irrévocable, on reprend plusieurs fois sa calculette. Pour ceux qui auraient des regrets, il reste l'ultime possibilité de formuler une *réclamation gracieuse,* au bon vouloir de l'administration. Mais encore faut-il le savoir.

Pour les parents isolés, le choix n'est pas plus simple. Le réflexe est évidemment de rattacher l'enfant majeur au foyer. Quelle erreur ! Le contribuable bénéficie de fait d'une demi-part supplémentaire[1]. Il a donc très souvent intérêt à détacher son enfant majeur pour pouvoir déduire la pension qu'il lui verse, tout en bénéficiant d'une part et demie de quotient familial. Cette option est généralement plus intéressante que le rattachement de l'enfant, même si le parent bénéficie alors de deux parts. Trop de personnes isolées l'ignorent.

1. À compter de l'imposition des revenus 2009, la demi-part est accordée aux contribuables, célibataires, divorcés ou veufs vivant seuls, ayant un ou plusieurs enfants majeurs imposés distinctement et ayant supporté la charge d'un enfant pendant cinq années alors qu'ils vivaient seuls. Cependant, le contribuable qui ne remplit pas cette condition mais a bénéficié de la demi-part en 2008 continue, à condition de vivre seul, à en bénéficier jusqu'en 2011, mais avec un avantage progressivement réduit.

Autre option mal exploitée par les concubins, le rattachement d'un enfant. L'enfant commun reconnu par les deux parents peut être rattaché à n'importe lequel des parents, la question est donc de savoir lequel des deux parents a intérêt à porter l'enfant sur sa déclaration. Ensuite, il suffit de s'entendre. Celui qui prend l'enfant à charge a droit à une demi-part pour les deux premiers enfants et à une part pour le troisième. L'autre concubin se déclare comme célibataire sans charge de famille, il peut verser une pension alimentaire déductible de ses revenus. Dans le cas où les concubins ont deux enfants en commun, chacun peut en déclarer un à sa charge et bénéficier d'une demi-part, s'il n'y a qu'un seul enfant, rien n'empêche de le déclarer à charge d'un concubin une année, et à charge de l'autre l'année suivante.

L'enfant d'un seul concubin est à sa charge. Toutefois, il est admis que si ce dernier a de faibles revenus, l'enfant peut être rattaché à la déclaration de l'autre concubin, même si celui-ci ne l'a pas reconnu, pour lui permettre de bénéficier d'une demi-part supplémentaire. Attention : pour avoir bénéficié de cet avantage alors qu'ils ne remplissaient pas la condition tenant à l'importance des revenus, beaucoup de couples en concubinage font l'objet d'un redressement par le service des impôts. Désagréable surprise, quand on sait que le bénéfice d'une demi-part est loin d'être négligeable.

Si l'option pour le rattachement d'un enfant est un « classique », d'autres options sont moins connues. Un avocat qui venait de se marier a appris, non sans surprise, en lisant mon ouvrage *Payer moins d'impôt pour Les Nuls* qu'il pouvait, l'année du mariage, déclarer ses revenus de façon avantageuse. Les revenus professionnels autres que les salaires (bénéfices industriels et commerciaux, bénéfices agricoles, bénéfices non commerciaux) sont à rattacher intégralement à la date de clôture de l'exercice, généralement le 31 décembre. L'année du mariage, ils doivent donc normalement être déclarés sur la déclaration commune du couple. Ce qui n'est pas toujours favorable. Toutefois, il est admis que les revenus de cette activité sont répartis au prorata de chaque période précédant et suivant le mariage. Cette répartition est également admise en cas de divorce ou de décès. Mais combien connaissent cette tolérance ?

Autre exemple : Louis se retrouve au chômage, obligé de « casser » son assurance-vie. L'assureur lui adresse un formulaire l'invitant à cocher la case d'option pour le prélèvement libératoire. Il obéit. Mal lui en prend, puisqu'il doit payer un prélèvement forfaitaire. Surpris, il se renseigne. Quelle n'est pas sa stupeur d'apprendre que, non imposable, il lui aurait suffi de ne pas biffer la case pour ne rien payer au final ! En effet, selon le choix de chaque contribuable, les revenus de l'épargne sont soumis, soit au prélèvement libératoire, soit au barème progressif de l'impôt sur le revenu. Là encore, on doit bien réfléchir, car il est impossible de faire machine arrière.

Les dernières lois de finances ont vu fleurir d'étonnantes options. Une mesure adoptée le 1er août 2007 dans le cadre de la loi Tepa sur le travail, l'emploi et le pouvoir d'achat, destinée à favoriser l'accession à la propriété, accorde un crédit d'impôt sur les intérêts des prêts contractés pour l'acquisition ou la construction de l'habitation principale. Son montant s'élève à 40 % des intérêts la première année, puis à 20 % les quatre années suivantes. Suffisamment médiatisé pour être connu, l'avantage a bénéficié à 320 000 foyers en 2007. Moins connue, l'option offerte aux acquéreurs d'un logement en état futur d'achèvement. Normalement, la première annuité est décomptée dès la mise à disposition des fonds empruntés. Dans ce cas précis, le crédit d'impôt de 40 % s'applique alors sur les intérêts les plus faibles, puisque la totalité du crédit bancaire n'a pas encore été débloquée. Il est toutefois possible de demander à bénéficier du crédit d'impôt à partir de la date de réception de l'immeuble, et non au déblocage des fonds. Ce choix est nettement plus intéressant. Pour avoir ignoré cette option, bien des personnes ont perdu de l'argent auquel ils avaient droit de fait. Quel gâchis !

Une autre option concerne l'autoliquidation du bouclier fiscal. Depuis 2009, les bénéficiaires ont le choix de demander à l'administration le remboursement de cette créance par le biais d'une réclamation, ou décider d'imputer directement la somme due sur l'ISF ou les impôts locaux. Cette autoliquidation donne l'illusion que le remboursement de la créance est immédiat. Il n'en est rien. En effet, si le contribuable choisit de faire une demande de bouclier, il peut le faire en début d'année et obtenir le remboursement dans un délai de trois à quatre semaines, plutôt que d'attendre le 15 juin, date de déclaration et de paiement de l'ISF. Par ailleurs, calculer le bouclier n'est pas toujours simple, et les erreurs sont sanctionnées par une majoration de 10 %. Alors que dans le cas d'une réclamation, l'administration corrigera les coquilles sans pénalités.

Frais réels : une option mal connue

Est-il préférable pour un salarié d'opter pour les frais réels ? Question classique, que beaucoup contournent pour « éviter la paperasse ». Pourtant, l'option des frais réels est intéressante dès que le montant total des frais est supérieur à la déduction forfaitaire de 10 %. De plus, cette option annuelle n'engage pas pour les années suivantes. Trop de contribuables s'en tiennent à la déduction forfaitaire. Ils pensent à tort que les frais considérés se limitent aux frais de voitures et de repas. Grave erreur ! Sont déductibles tous les frais nécessités par l'activité salariée, sans limitation. Et s'ils sont supérieurs aux salaires déclarés, il en résulte un déficit qui peut même être imputé sur les autres revenus.

Exemples de frais pris en compte

Les frais de trajet du domicile au lieu de travail sont déductibles en totalité des salaires imposables, lorsque l'éloignement n'excède pas 40 km. Au-delà de cette distance, les frais ne sont pas déductibles, sauf circonstances particulières. Par exemple, l'impossibilité de trouver un emploi à proximité du domicile, la précarité de l'activité, le déménagement de l'entreprise, une promotion, la scolarisation d'un enfant, des problèmes personnels de santé ou d'un membre de la famille, l'état de dépendance d'un parent, l'exercice d'une activité professionnelle par le conjoint, le concubin ou le partenaire d'un pacs loin de son lieu de travail, l'exercice de fonctions électives, le coût du logement disproportionné par rapport à vos revenus dans la localité où est située l'entreprise... Il est d'ailleurs recommandé aux services d'apprécier avec « largeur de vue » ces circonstances, et le dépassement de quelques kilomètres de la limite de 40 km est apprécié de la même façon. Au besoin, il peut être utile de rappeler au contrôleur l'instruction n° 5F-15-07 n° 63 qui assouplit la règle des 40 km. Mais qui décortique les milliers d'instructions qui dissimulent pourtant quelques heureuses surprises ? Vivre en concubinage donne pour la déduction des frais de transport du domicile au travail les mêmes droits que les couples mariés. Mais il faut justifier d'un concubinage stable et continu, en produisant un certificat établi par le maire, les quittances France Télécom, EDF-GDF, l'acquisition commune de la résidence principale, l'avis d'imposition au nom des deux concubins... Lorsque l'un des époux a son lieu de travail proche de son domicile et que l'autre travaille à plus de 40 km, cette distance n'est pas anormale. Les frais de trajet sont déductibles. Il a été jugé qu'une personne qui travaillait à 55 km de son domicile à la suite de la mutation de son épouse, qui, elle, travaillait à 6 km, pouvait déduire l'intégralité des frais. Lorsque les deux époux ont leur activité dans deux villes différentes, et résident dans une troisième, chacun peut déduire ses frais de trajet à condition que la distance entre le domicile et le travail ne dépasse pas pour l'un des deux 40 km. Si ce n'est pas le cas, chacun peut déduire jusqu'à 40 km.

Les frais de déplacements peuvent être déterminés compte tenu des dépenses réelles, mais le plus simple est d'appliquer le barème d'évaluation forfaitaire publié chaque année par l'administration. Le barème couvre la dépréciation du véhicule, les primes d'assurance et les frais de carburant. Il est donc possible de déduire, en outre, les frais de stationnement, parcmètres, parkings, les frais de péage, les intérêts des emprunts contractés pour l'acquisition du véhicule. Beaucoup omettent ces frais, persuadés qu'ils sont couverts par le forfait.

S'il n'est pas possible de revenir chez soi pour déjeuner, compte tenu des horaires ou de l'éloignement du lieu de travail, les frais de repas supplémentaires supportés sont déductibles. Deux modalités s'offrent alors au contribuable. Soit il peut justifier le montant réel des frais de repas, il totalise alors les notes de restaurant et déduit une somme forfaitaire de 4,30 euros par repas. Soit le montant réel des frais de repas ne peut être justifié, la déduction est dans ce cas fixée forfaitairement à ce même montant, soit 4,30 euros par repas. Oublier de soustraire du montant des frais de repas la participation de l'employeur à l'achat de tickets-restaurants peut coûter un redressement.

Les frais de vêtements spécifiques à la profession sont également déductibles. La déduction concerne non seulement le prix d'achat mais aussi l'entretien et le blanchissage des tenues, à condition qu'elles s'avèrent indispensables à l'exercice du métier, comme l'uniforme des pompiers professionnels ; les vêtements de travail des ouvriers ; les vêtements de danse des artistes chorégraphiques ; la robe des magistrats, l'uniforme des préfets ; le costume officiel des membres de l'université ; les chemises blanches des maîtres d'hôtel ; les combinaisons des moniteurs de ski ; les équipements des officiers des différentes armes.

Si l'activité professionnelle nécessite d'avoir un local spécifique et que le salarié ne dispose pas d'un bureau mis à sa disposition, les frais sont déductibles au prorata de la superficie totale du logement : le loyer, les dépenses d'entretien, voire d'aménagements propres à l'exercice de la profession, les intérêts d'emprunts contractés pour l'acquisition du local professionnel, les assurances, le chauffage, les impôts locaux... En pratique, il est admis qu'une pièce d'un logement familial soit affectée à l'usage professionnel.

À condition d'être indispensables à l'exercice de la profession, les frais de prothèse sont elles aussi déductibles. Toutefois, ils doivent avoir pour but de remédier à un grave handicap qui, sans correction, ne permettrait pas d'exercer normalement l'activité professionnelle. Définition plutôt vague. La déduction a été admise pour un salarié chargé des relations publiques, un enseignant pour lui permettre de s'exprimer de manière audible. Toutefois, l'administration coupe la poire en deux et admet la déduction de la moitié de la fraction des dépenses non remboursées par la Sécurité sociale.

N'oubliez pas que l'on peut réduire ses impôts en s'offrant le dernier modèle de Smartphone. Les frais d'abonnement et de communication pour raison professionnelle sont déductibles, de même que le prix d'acquisition du portable, à hauteur de 500 euros hors taxes, ou une somme égale à une annuité d'amortissement au-delà de cette limite. En cas d'utilisation mixte du téléphone, il convient de prendre en compte la proportion d'utilisation professionnelle.

Quant aux frais de formation et de documentation engagés pour trouver du travail, on peut aussi les déduire. Peu importe qu'ils aient, ou non, débouché sur un nouvel emploi. Le fisc accorde au salarié qui a l'ambition d'améliorer sa situation ou de changer de secteur d'activité, la déduction des frais d'études. Bien sûr, il faut un rapport direct avec l'emploi envisagé. Ainsi, les frais nécessaires à la préparation de l'agrégation par un professeur entrent dans ce cadre, de même que la préparation, l'impression ou la diffusion d'une thèse de doctorat ; les frais de déplacement pour préparer une thèse de doctorat ou à l'occasion d'examens professionnels ; l'achat de livres, les frais d'études supportés par un instituteur pour obtenir une licence lui permettant d'être titularisé dans son emploi. Si l'objectif est tout simplement de se perfectionner dans sa profession et d'augmenter ses connaissances professionnelles, la déduction des achats d'ouvrages ou d'abonnement à des publications professionnelles est admise.

Un demandeur d'emploi perçoit des allocations chômage imposables. Il peut fort bien opter pour les frais réels et déduire tous les frais occasionnés par la recherche d'un emploi : téléphone, courrier, logement à l'occasion d'un déplacement pour un entretien d'embauche, etc.

Quoi de plus agréable que d'aller aux Caraïbes pour assurer sa formation continue ? Les frais de participation à des congrès, séminaires, à condition qu'ils se rattachent à la profession, sont intégralement déductibles. Et peu importe le montant du séjour.

L'avis d'imposition n'a pas force de loi

Remplir correctement sa déclaration de revenus ne suffit pas. Pour passer entre les mailles du filet de l'impôt sur l'ignorance, il faut savoir vérifier et contester au besoin son avis d'imposition, fût-il estampillé *Ministère des Finances.*

Vérifier un avis d'imposition n'est pas si difficile. Les erreurs de saisie sont plus banales qu'on ne peut l'imaginer. En principe elles sautent aux yeux, l'impôt réclamé étant sans commune mesure avec celui payé habituellement.

Pour la première fois, le Conseil d'État a reconnu le 27 juillet 1990 la faute simple de l'administration dans le cas d'une coquille d'impression du montant dû par le contribuable. La saisie informatique avait fait passer ses revenus de 35 663 francs (5 436,43 euros) à 315 663 francs

(48 119,35 euros), décuplant l'impôt qu'on lui réclamait. Cette décision est historique, puisqu'il est désormais possible d'obtenir réparation pour une erreur matérielle, sans avoir à démontrer un acharnement de l'administration.

En ces temps propices aux impôts galopants, nous sommes trop souvent résignés à payer la somme réclamée sur l'avis d'imposition. Grossière erreur. Un avis d'imposition, ça se contrôle. Y compris quand il s'agit de la taxe d'habitation. Encore faut-il savoir comment elle est calculée. Très simple : tout est écrit au verso, mais qui lit ces indications ? La taxe d'habitation est établie sur la valeur locative cadastrale, diminuée, pour le logement affecté à l'habitation principale, de différents abattements.

Quant à la taxe foncière, établie au nom des propriétaires ou usufruitiers d'immeubles au 1er janvier de l'année d'imposition, elle est calculée sur la moitié de la valeur locative cadastrale. Son montant s'obtient en multipliant cette base par les taux d'imposition des collectivités locales. Chaque propriétaire, au 1er janvier, d'une propriété bâtie ou non bâtie – terrains et terres agricoles – est redevable de la taxe. En cas de démembrement – séparation entre la nue-propriété et l'usufruitier – c'est l'usufruitier, qui doit payer le foncier ; pour un bail emphytéotique, bail à construction ou bail à réhabilitation, c'est le preneur qui en est redevable sur les propriétés bâties ; pour une copropriété, l'imposition est faite au nom de chaque propriétaire ; pour un viager avec le droit d'usage, c'est le propriétaire qui est redevable de la taxe. En cas de vente en cours d'année d'un bien immobilier, la taxe foncière est à la charge de celui qui occupait le bien au 1er janvier. Néanmoins, il est possible de prévoir dans l'acte de vente que l'acheteur prendra à sa charge la partie correspondant à la taxe foncière, de la signature de l'acte à la fin de l'année. De quoi réaliser une économie intéressante si le bien est vendu en début d'année. Cependant, c'est le propriétaire qui doit régler la totalité de la taxe au percepteur. Autant de situations, autant de risques d'erreurs.

Petite dérogation à connaître absolument : le propriétaire d'une maison à louer, s'il n'a pas trouvé de locataire au bout de trois mois de recherches, peut demander le dégrèvement de la taxe foncière si le loyer proposé reste dans la normalité. Quant aux personnes âgées aux revenus modestes, elles sont exonérées de taxe foncière et de taxe d'habitation. Là encore, il vaut mieux vérifier l'avis d'imposition

Un code bourré de mines anticontribuables

Le 1er de l'an est toujours un jour spécial. C'est le jour des vœux, où chacun a envie de remettre les compteurs à zéro. Face à la législation fiscale, n'hésitez pas à remettre au lendemain ce que vous auriez eu envie de faire le jour même. Se mettre en concubinage un 1er janvier, par exemple, est à éviter impérativement. En effet, une personne isolée a droit à une demi-part supplémentaire pour le premier enfant à charge. Toutefois, l'article 196 *bis* du CGI considère la situation au 1er janvier pour accorder ou supprimer cette demi-part. Décider d'un concubinage le 2 janvier vous permet de conserver la demi-part supplémentaire une année de plus. En revanche, il est préférable de penser à se séparer avant le 31 décembre, pour bénéficier de la demi-part l'année suivante. À méditer.

Plus connue mais souvent oubliée, la date d'installation pour échapper à la taxe d'habitation, qui concerne uniquement les logements occupés au 1er janvier. Mieux vaut donc louer un appartement à compter du 2 janvier.

Autre piège : l'article 156 du CGI. Un bien loué doit être conservé trois ans après l'année au cours de laquelle a été imputé pour la dernière fois un déficit foncier. En clair, si le déficit concerne le revenu 2009, le bien doit être loué jusqu'au 31 décembre 2012, même si le promoteur vous a assuré que, conformément à la loi, le bien bénéficiant des avantages réservés à l'investissement locatif pouvait être vendu au bout de neuf ans. En réalité, il devra être loué trente-six mois de plus, soit douze ans au total. La vente, qui interviendrait avant cette date, donnerait lieu à un sérieux redressement, correspondant à trois ans d'imputation du déficit foncier sur le revenu global ! Avec, en prime, quelques intérêts de retard. Voilà un autre cas d'ignorance chèrement payée, s'appuyant sur un article savamment occulté par les promoteurs… Voilà ce qu'il en coûte de méconnaître un seul article du code des impôts.

Enfin, les salariés doivent eux aussi se méfier du code des impôts. Pour leurs frais professionnels, ils ont le choix entre la déduction forfaitaire de 10 % ou la déduction des frais réels. Dans ce cas, les frais de voiture pour leurs déplacements entre le domicile et le lieu de travail sont, par mesure de simplification, déterminés à partir d'un barème forfaitaire kilométrique publié par l'administration. Mais l'utilisation du barème ne s'applique que si le salarié ou son conjoint sont propriétaires du véhicule. Si le contribuable utilise pour se rendre à son travail le véhicule de son concubin, il est exclu de barème forfaitaire pour évaluer ses frais de transport. À défaut, seuls les frais réels sont déductibles. Quant à l'enfant qui utiliserait la voiture de ses parents, il est dans le même cas.

Ignorer cette subtilité expose à un redressement.

Le piège de la solidarité fiscale

S'acquitter de ses impôts, c'est, parfois, devoir payer pour une autre personne. La solidarité fiscale permet de réclamer l'impôt à quelqu'un d'autre que le débiteur principal. Un bon moyen pour le fisc de rentrer dans ses sous. Les cas d'application sont aussi variés que méconnus. Un dirigeant de société, un président d'association peuvent se retrouver personnellement responsables du paiement des impôts dus par leur entreprise ou leur association ; le cessionnaire d'une entreprise industrielle ou commerciale est responsable de l'impôt sur le revenu dû par le cédant sur les bénéfices réalisés l'année de cession ; les époux peuvent chacun se voir réclamer la totalité de l'impôt du foyer. Autant dire que la solidarité fiscale se cache un peu partout.

Les héritiers payent les droits de succession en fonction de la part qui leur revient, mais le fisc peut réclamer la totalité des droits, en application de l'article 1709 du CGI, à un seul héritier. À charge pour lui de récupérer le trop-plein versé auprès des autres héritiers. De même, si certains biens sont indivis, l'imposition sur ce bien, comme la taxe foncière, peut être intégralement demandée à un seul des copropriétaires.

L'application brutale de la loi donne parfois lieu à des situations pénibles. Dans une affaire, un contribuable avait consenti de son vivant des dons manuels à ses deux filles, qui ne les avaient ni déclarés ni inclus dans l'actif successoral. Le fisc redresse une seule donataire et lui demande le paiement de la totalité des droits, les droits dus à la fois par elle et sa sœur. De quoi générer quelques discussions familiales houleuses.

Des ennuis de santé, le décès d'un conjoint, autant d'événements qui peuvent contraindre un commerçant à cesser son activité, à céder le fonds ou à le mettre en location-gérance. Son exploitation est alors confiée à un locataire, moyennant un loyer. Dans ce dernier cas, il faut savoir que le propriétaire est solidairement responsable des dettes fiscales contractées par son locataire à l'occasion de l'exploitation du fonds. Attention, tout y passe : taxe professionnelle, impôt sur le revenu, impôts sur les sociétés. Une situation ubuesque, qui peut faire vivre un véritable enfer à n'importe quel bailleur de fonds.

Les parades secrètes

Heureusement, le code des impôts offre également quelques parades[1] pour éviter les mauvais coups. Savez-vous qu'une simple lettre jointe à la déclaration de revenus permet d'échapper aux pénalités ? Qu'il existe une astuce légale pour ne pas payer la taxe d'habitation de votre locataire ? Qu'en invoquant un « événement exceptionnel », vous pouvez échapper à la taxation des plus-values sur valeurs mobilières ? Qu'en cas de licenciement ou de départ à la retraite, il existe un « truc » pour réduire l'imposition de l'indemnité perçue ?

Peu de contribuables connaissent la réponse à ces questions. Les voici.

1. Robert Matthieu, *Payer moins d'impôts pour Les Nuls,* Éditions First, 2010.

Locataire et taxe d'habitation

Paul vient juste de régler sa taxe d'habitation. Recevant une mise en demeure, il croit à une erreur. Un coup de fil au percepteur lui faire perdre ses illusions. On lui réclame la taxe d'habitation due par son locataire. Le code général des impôts est formel : si le locataire ne paye pas sa taxe, c'est le propriétaire qui doit la régler. Sauf à user de la parade suggérée par l'article 1686 du CGI. Un mois avant le départ programmé d'un locataire, le bailleur peut demander à se faire présenter les quittances de la taxe d'habitation. Si le locataire n'est pas en mesure de le faire, le propriétaire dispose d'un délai d'un mois pour en informer le percepteur, et se dégager ainsi de son obligation légale de solidarité. Dénoncer pour se protéger ? Un étrange code de conduite adroitement mis en place par celui des impôts. Mais aussi une chausse-trape et son antidote, connus des héroïques contribuables dont le code des impôts est le livre de chevet.

Exonération de plus-values

Certaines situations personnelles douloureuses induisent des liquidations soudaines et massives d'actions soigneusement préservées jusque-là, avec à la clé une taxation de la plus-value réalisée. Si le montant des cessions ne dépasse pas un seuil annuel, la plus-value est exonérée. Quand ce seuil est dépassé, c'est la totalité de la plus-value qui sera taxée. Toutefois, si un événement exceptionnel se produit, le seuil de cession est apprécié au regard de la moyenne des cessions de l'année considérée et des deux années précédentes, ce qui permet souvent d'échapper à la taxation. Cette disposition s'applique dans les cas de divorce, décès, séparation de corps, perte d'emploi, départ en retraite, licenciement ou accident et invalidité. Hormis ces cas, il est également possible d'invoquer cette mesure, à l'occasion d'un fait grave, telles les tempêtes de décembre 1999, considérées à l'époque comme un « événement exceptionnel[1] ».

Taxation des revenus exceptionnels

Autre astuce trop méconnue pour réduire l'addition, le système du quotient. Une indemnité de départ à la retraite ou de licenciement bénéficie de ce système pour la fraction imposable, ce qui permet d'atténuer la progressivité de l'impôt, en évitant une taxation dans les tranches élevées. Le calcul est d'abord réalisé sans tenir compte de l'indemnité. Intervient un second calcul sur le revenu de l'année, majoré du quart de l'indemnité imposable ; la différence entre les montants ainsi obtenue est multipliée par quatre pour obtenir l'impôt relatif à l'indemnité. Pas si simple… Mais très efficace.

Concernant une indemnité de départ en retraite, si le système du quotient ne satisfait pas, il est alors possible d'opter pour le principe de l'étalement. La fraction de l'indemnité imposable est répartie sur quatre ans, le paiement des trois quarts de l'impôt étant différé après

1. Réponse Dutin, *Journal officiel* AN, 12 juin 2000.

la première année. Petit bémol : l'application du système du quotient ou de celui de l'étalement ne sont pas automatiques. Pour en bénéficier, il faut en faire la demande. À condition d'y penser. Ou de le savoir.

L'annulation de la dette

Parfois, obtenir des délais de paiement ou la remise de la majoration de 10 % ne suffit pas pour s'en sortir. Lorsque la situation financière ne permet pas de régler ses impôts, le fisc peut annuler purement et simplement la dette. C'est l'article L247 du Livre des procédures fiscales qui permet d'envisager cet effacement pour les impôts directs, à l'exclusion des droits de succession, de donation et d'ISF. Mais il faut être dans une situation de gêne ou d'indigence, pratiquement se trouver dans l'impossibilité de se libérer de sa dette.

Si les concubins ont choisi de ne pas adhérer à l'idée de mariage, ils aimeraient pourtant pouvoir bénéficier, parfois, de ses conséquences patrimoniales. En matière de droits de succession et aux yeux du fisc, les concubins sont des étrangers, qui ne profitent d'aucun avantage. Le concubin survivant qui reçoit un legs de sa moitié décédée sera contraint d'en verser 60 % aux impôts, après l'abattement classique de 1 500 euros[1]. Les donations subiront le même sort, taxation à 60 %, exactement comme pour les personnes non parentes, avec une réduction de 50 % lorsque le donateur a moins de 70 ans et une réduction de 30 % s'il a moins

1. Réactualisé chaque année, l'abattement est de 1 570 euros pour 2010.

de 80 ans. D'où l'intérêt d'étudier toutes les pistes légales pour éviter cette captation systématique de l'État. Un patrimoine comprend une partie incompressible, dédiée aux héritiers réservataires, et une quotité disponible, dont chacun peut librement disposer. En présence d'enfants, il est toujours possible de léguer par testament à son concubin la quotité disponible, voire l'intégralité des biens s'il n'y a pas d'héritiers réservataires. Mais le fisc prélèvera toujours au passage sa cagnotte de 60 %. Excusez du peu. Une fois de plus, l'assurance-vie vient atténuer la rigueur de la loi, en offrant de transmettre net d'impôt jusqu'à 152 500 euros. Au-delà, la taxation n'est que de 20 % pour les primes versées avant 70 ans. Mais ce système doit être manié avec précaution : en effet, si les primes sont exagérées, les héritiers pourraient être tentés d'expliquer qu'ils ont été lésés. Quant au fisc, il n'aura pas de mal à souligner que le contrat avait pour seul but d'éluder l'impôt. Pour organiser leur succession, les concubins ont donc intérêt à se pacser, surtout depuis la réforme fiscale sur les droits de succession, qui aligne les partenaires d'un pacs avec les conjoints. Certes, les pacsés n'ont pas la qualité d'héritiers, mais un testament permet au partenaire de recevoir une partie des biens... sans impôt. Pensez-y !

Acheter un bien immobilier sans être marié, en allégeant les droits de succession, peut être une bonne solution. C'est le système de « l'achat croisé », qui consiste à créer avec son partenaire une société civile immobilière, dans laquelle chacun détient un nombre de parts correspondant à son apport. Ultérieurement, chacun fait donation à l'autre de l'usufruit de ses parts, en veillant à régler scrupuleusement les droits de donation. Au décès du premier, le survivant reprend l'usufruit des parts qu'il avait données. Au final, auront été transmis la totalité de l'usufruit des parts et la nue-propriété de la SCI, sans avoir eu à payer de droits.

La mention expresse

Une inquiétude vous prend au moment de remplir la déclaration de revenus : la plus-value sur la résidence est-elle imposable ? Une indemnité doit-elle être déclarée ? N'hésitez plus et servez-vous de la *mention expresse,* qui vous permet de mentionner dans le cadre « autres renseignements » les motifs de droit et de fait pour lesquels, par exemple, vous n'avez pas déclaré une somme perçue, ou vous estimez bénéficier d'un crédit d'impôt. Terminer votre remarque en précisant que vous désirez bénéficier de la « mention expresse ». Aucune pénalité, aucun intérêt de retard n'est encouru sur le complément d'impôt qui pourrait vous être réclamé… À condition d'être de bonne foi.

L'erreur de bonne foi

Une erreur dans la déclaration de revenus ? Aucun intérêt de retard n'est réclamé lorsque l'insuffisance des chiffres déclarés n'excède pas 5 % de la base d'imposition pour l'impôt sur le revenu et 10 % pour l'ISF. L'article 1727 du CGI reconnaît un droit à l'erreur.

Mais pourquoi donc ces astuces et beaucoup d'autres encore ne sont-elles pas plus connues des contribuables ? Je constate souvent, à l'occasion d'émissions radio où je réponds aux questions des contribuables, qu'elles pourraient tirer d'affaire bon nombre d'entre eux.

Se méfier des « idées fisc »

Les idées reçues, rien de pire en fiscalité. Par exemple, on est souvent persuadé que le mariage est avantageux sur le plan fiscal. C'est souvent faux, rectifie une étude de l'Insee publiée en août 2007. Certes, pour 53 % des foyers fiscaux, le mariage permet un gain de 450 euros en moyenne, grâce au quotient familial. En revanche, 22 % auraient intérêt à vivre en concubinage, la perte d'impôt étant pour eux de 240 euros. Les plus modestes ont donc parfois intérêt à rester en concubinage.

Une autre idée reçue veut que tout impôt réclamé soit forcément dû. C'est mal connaître les règles de la prescription et les agissements du percepteur. En effet, au bout de quatre ans, l'impôt ne peut plus être réclamé : il y a prescription. Mais, si le percepteur a exercé des poursuites, tel un commandement de payer, des saisies, ou si le contribuable a effectué un paiement pendant ce délai, un nouveau délai de quatre ans repart, pendant lequel l'impôt restant dû peut être réclamé. Payer une partie de l'impôt vaut reconnaissance de dette. Un contribuable avisé se gardera bien de rendre visite à son percepteur avant la date de prescription de l'impôt. Au final, l'ignorant sera contraint de payer l'impôt réclamé, quand le contribuable avisé, y compris celui dont la mauvaise foi est patente, s'en verra dispensé. Autre exemple, à l'impôt dû, s'ajoutent les intérêts de retard et majorations. En réglant intégralement ces sommes, le contribuable sera certes payé d'estime, mais il ne pourra plus obtenir la remise des majorations. En revanche, s'il fait une demande de remise des pénalités après avoir payé l'impôt à l'exclusion des pénalités, le service pourra lui accorder une remise sur les majorations. En fiscalité, qui paye ses dettes ne s'enrichit pas forcément.

Des subtilités à découvrir

L'exonération de la plus-value sur la résidence principale est bien connue. Cette exonération bénéficie aussi au logement dans une société civile immobilière. Certains apportent donc le bien qu'ils occupent à une SCI moyennant un loyer, d'un montant correspondant à celui habituellement demandé, ce qui permet d'éviter l'abus de droit et ses 80 % de pénalités pour loyer anormal. Sauvé ! Pas tout à fait. Mauvaise surprise à la revente, alors que la plus-value d'une résidence principale est exonérée, dans ce cas elle ne l'est pas. Pour bénéficier de l'exonération, le logement occupé à titre de résidence principale doit être mis gratuitement à disposition par la SCI. Vous ne le saviez pas ?

L'entreprise accorde une participation aux bénéfices à ses salariés. Depuis le 1er janvier 2009, il est possible d'en disposer immédiatement. Une aubaine ! Pourtant, choisir de percevoir aussitôt la participation déclenche, dans la foulée, le paiement de l'impôt sur le revenu. Cadeau empoisonné. Alors que choisir de bloquer les fonds permet d'éviter l'impôt sur le revenu. Chinoiseries perverses d'une loi pourtant votée pour favoriser le pouvoir d'achat.

Cet échantillon des subtilités trop souvent ignorées serait incomplet sans aborder les réclamations contre les impositions. En cas d'erreur de l'administration, nous pouvons formuler une réclamation, à condition de le faire à temps. Les délais de recours varient d'un impôt à l'autre, ce qui ne facilite pas les choses. En matière d'impôts locaux, le délai est court, puisqu'il expire le 31 décembre de l'année qui suit l'avis d'imposition. Par exemple, si la date de mise en recouvrement indiquée au recto de l'avis est fixée en 2010, le contribuable a jusqu'au 31 décembre 2011 pour réclamer. Pour l'impôt sur le revenu, le délai expire le 31 décembre de la seconde année suivant l'avis d'imposition. Dans sa grande mansuétude, l'administration étend encore un peu le délai de recours en cas de redressement fiscal. Il devient dans ce cas égal à celui dont l'administration a disposé pour contrôler et redresser. Il expire donc le 31 décembre de la troisième année qui suit la proposition de rectification. Arrêtons là. Avec l'impôt, il n'est pas plus simple de réclamer que de déclarer.

Ce qu'il en coûte d'ignorer le ba.ba

Avec quelques clés, il devient possible de comprendre les mécanismes de l'impôt, pour éviter de payer plus qu'on ne doit. Mais l'éducation fiscale n'est pas au programme scolaire, et pourtant… Le consentement à l'impôt peut-il faire l'économie de notions élémentaires ?

Pour diminuer l'imposition, les avantages accordés sont soit une *réduction* d'impôt, soit une *déduction*, soit un *crédit* d'impôt. Selon les avantages dont nous bénéficions, la différence est importante. Le crédit d'impôt se déduit du montant de l'impôt sur le revenu, et si le montant du crédit est supérieur à l'impôt dû, l'État rembourse le contribuable. La réduction d'impôt fonctionne comme le crédit, à la différence que si elle dépasse l'impôt, l'excédent n'est pas remboursé, il est perdu. Enfin, la déduction d'impôt, elle, s'impute sur le montant du revenu imposable, diminuant la base imposable soumise au barème de l'impôt. Ce dernier avantage permet parfois de passer à la tranche d'imposition inférieure. Dans ce cas, l'économie est d'autant plus substantielle que les revenus seront plus importants. Connaître cette distinction permet de faire le meilleur choix mais aussi, à défaut d'en profiter, de savoir à quelle catégorie de contribuables profite réellement l'avantage accordé. Instructif !

Autre terme de base, le *revenu fiscal de référence,* qui permet d'apprécier si le seuil pour bénéficier d'avantages sociaux (bourses, prêt à taux zéro, tarifs de cantine) ou fiscaux (exonérations ou allègements de taxe d'habitation, taxe foncière, prime pour l'emploi...) est ou non dépassé. Le RFR figure sur l'avis d'imposition. Il correspond au revenu net imposable – près déductions et abattements – auquel sont ajoutés les plus-values mobilières et immobilières, les revenus des placements soumis au prélèvement libératoire et certains revenus exonérés.

Les conséquences patrimoniales du pacs

Pacs ou concubinage ?

Il a fallu attendre la loi du 15 novembre 1999 relative au pacs pour que soit introduite dans le code civil une définition du concubinage, considéré légalement comme une union libre. Certes. Mais la liberté a un prix. Elle est lourdement taxée.

La loi a pris en compte l'évolution des mœurs. Le pacs permet à deux personnes, de même sexe ou de sexe différent, d'organiser leur vie commune en matière d'impôt, de succession et de droits sociaux. Si beaucoup étaient au début méfiants, aujourd'hui près de 500 000 personnes sont pacsées. Ce pacte se rapproche peu à peu du mariage, surtout depuis la loi de réforme des successions, entrée en vigueur le 1er janvier 2007. Désormais, il est mentionné en marge de l'acte de naissance de chaque partenaire. Cette mesure ne laisse aucun doute sur la volonté du législateur d'aligner le pacs sur le mariage. Côté fiscalité, le rapprochement est encore plus net. Comme les couples mariés, les partenaires pacsés font une déclaration commune pour l'impôt sur le revenu et l'ISF. D'autre part, ils bénéficient des mêmes exonérations que les couples mariés en matière de succession et sont taxés au même tarif pour les donations. Mais, revers de la médaille, les partenaires d'un pacs sont solidairement responsables des impôts.

Si, concernant l'impôt sur le revenu, les concubins sont considérés comme des étrangers, non solidaires, l'ISF les assimile à des gens mariés, qui doivent établir une déclaration commune lorsque le total de leurs patrimoines et celui de leurs enfants mineurs dépasse le seuil d'imposition.

Concernant la taxe d'habitation, elle est établie au nom du titulaire du bail ou du propriétaire du logement. Cependant, les concubins peuvent demander que la taxe soit établie au nom des deux. Contrairement aux couples mariés, les concubins ne sont pas solidaires de la taxe d'habitation, son paiement ne peut donc être demandé à celui qui ne la doit pas. En matière de droits de succession, ils payent le tarif fort : 60 %.

Pour en finir avec l'impôt sur l'ignorance

En cette période de crise, l'impôt sur l'ignorance a dépassé la cote d'alerte.

La complexité de la loi fiscale fragilise le contribuable, mis à l'écart d'un système conçu à l'origine pour lui. À force de laisser la fiscalité aux mains des spécialistes, la France souffre d'une fracture entre les initiés et les autres. Cause supplémentaire d'injustice.

Pourtant, réduire l'impôt sur l'ignorance n'est pas mission impossible. Il suffit d'informer le public des possibilités qui s'offrent à lui, pour qu'il puisse faire le meilleur choix, utiliser les dispositions légales qui lui sont favorables, ou se préserver des pièges du CGI. Reconnaissons-le, les efforts faits par l'administration sont certes importants mais il est nécessaire maintenant d'aller plus loin. Encore faut-il inciter le contribuable à sortir de son ignorance, à ne plus s'abriter derrière son allergie fiscale. La simplification de notre système fiscal, son inscription dans les programmes scolaires, une meilleure information ne peuvent qu'y contribuer. La lutte contre l'impôt sur l'ignorance est urgente, d'autant que l'État tend à transférer la charge de la vérification de l'impôt et de la collecte de l'impôt sur les individus. La déclaration préremplie et les différents projets de retenue à la source en sont les signes les plus patents. Tout contribuable qui ne peut s'adjoindre les services d'un conseil est une victime toute désignée de l'impôt sur l'ignorance.

Le rôle du service public est de libérer le citoyen et non de le culpabiliser en lui répétant que « nul n'est censé ignorer la loi ». Certes, ce changement de mentalité risque de faire perdre une partie de son pouvoir à l'administration. Mais elle y gagnerait quelque chose de plus grand : le sentiment d'accomplir sa véritable mission.

CHAPITRE 4

Abus de faiblesse fiscale

L'abus de faiblesse est puni par le code pénal, il vise les consommateurs les plus vulnérables, ceux qui doivent être protégés. Et pourtant, l'administration fiscale pèse souvent sur le dos des plus fragiles, de ceux qui n'osent pas réclamer et se contentent de payer rubis sur l'ongle.

L'impôt des temps modernes ne saurait se satisfaire de cette mentalité.

Les personnes âgées sont parmi les contribuables les plus vulnérables. Elles ne connaissent pas toujours leurs droits, n'osent pas réclamer… Contester l'administration ne fait d'ailleurs souvent pas partie de leur éducation.

Quant aux épouses maltraitées par leur mari, elles n'imaginent pas que le pire reste à venir, et qu'une fois à l'abri, elles devront encore faire face à l'enfer fiscal. Solidaires de leur conjoint fautif, elles doivent répondre, même après le divorce, des dettes fiscales du foyer. L'ex-mari parti sans laisser d'adresse laisse l'ardoise fiscale à sa femme. Quant à la concubine, elle paye au prix fort son indépendance fiscale en cédant à l'État 60 % de droits sur la succession de son compagnon.

Tous les citoyens ne sont pas égaux devant l'impôt. Et la loi du plus fort s'impose parfois de fait.

Maltraitance fiscale

Insuffisamment informées, voire abusées par le fisc, les personnes âgées payent et se taisent. Visite guidée au cœur de la maltraitance fiscale.

Fanette a 82 ans, elle habite depuis toujours dans un petit village déserté. Sa seule sortie se résume à la camionnette de l'épicier, devant lequel elle retrouve deux fois par semaine sa vieille amie. Elles bavardent, parlent du passé ou du beau temps. Aujourd'hui, c'est la taxe foncière qui tient la vedette. Fanny s'en plaint : cette année, son augmentation est carabinée. Son amie réagit, indiquant qu'elle ne la paye plus depuis ses 75 ans. Fanny est perplexe. Et pourtant. Les personnes de condition modeste âgées de plus de 75 ans, et dont le *revenu fiscal de référence* de l'année précédente n'excède pas un seuil fixé annuellement, sont exonérées de taxe foncière.

Après beaucoup d'hésitation, la vieille dame décide d'en parler à ses enfants. Ils ont un peu de mal à la convaincre de téléphoner au centre des impôts. Pourtant, le dégrèvement lui sera accordé sans difficulté, puisqu'elle remplit les conditions exigées. Enhardie par son premier succès, elle pose d'autres questions et finit par faire une réclamation pour un dégrèvement supplémentaire, correspondant au remboursement sur trois ans des sommes indûment perçues par l'administration. Fanny est ravie. Pourtant, elle a payé la taxe foncière pendant sept ans, en contradiction avec la loi.

Interpellé par cette situation, j'ai interrogé plusieurs personnes de mon entourage. Leurs parents, souvent des grand-mères vivant seules, se trouvaient dans la même situation. Elles payaient à tort la taxe. Même constat pour la taxe d'habitation. 6 millions de personnes en sont exemptées. Combien la payent à tort ? Les personnes âgées bénéficient également de son exonération, à condition d'avoir plus de 60 ans et de disposer de revenus modestes.

L'horreur est à son paroxysme lorsque le service poursuit une personne âgée qu'il sait ne pas être redevable de l'impôt. Un certain receveur des impôts n'a pas hésité à réclamer la taxe d'habitation due par une personne décédée… à sa concubine. Fiscalement, les concubins sont deux étrangers, ils n'héritent de rien, remplissent chacun une déclaration de revenus distincte, ne sont pas solidaires de l'impôt dû par l'autre – c'est un principe clairement énoncé dans le code des impôts. Le receveur le sait très bien. Pourtant, il a tenté le coup, comptant sur l'ignorance de sa victime, âgée de 88 ans.

Bon nombre de personnes âgées ne peuvent plus vivre seules, et quittent à regret leur logement avec tous les souvenirs qui y sont attachés. Habitant chez leurs enfants, elles reçoivent toujours la taxe d'habitation de leur ancien logement. Dans ce cas, il est possible d'adresser au directeur des services fiscaux une demande de remise gracieuse, laissée à son bon vouloir. Même chose pour les seniors logés en maison de retraite. Ils pourront bénéficier de l'exonération, s'ils prennent la peine de faire une réclamation contentieuse, et si le logement n'est pas occupé par un tiers. Dans ce cas, si les conditions sont remplies, l'exonération doit être accordée.

Dans un autre genre, la loi donne la possibilité depuis 2009 aux bénéficiaires du bouclier fiscal de déduire directement de leurs impôts le remboursement auquel ils ont droit, sans avoir à faire une demande de remboursement. Cette « autoliquidation du bouclier fiscal » a pour but de faciliter la tâche des bénéficiaires, même si ce n'est pas forcément la solution la plus avantageuse. Il serait tout aussi normal d'accorder d'office le remboursement de la taxe d'habitation aux personnes âgées logées en maison de retraite, sans exiger de démarche de leur part. Mais évidemment, les statistiques démontrant que les seniors exonérés de taxe d'habitation sont en augmentation, n'ont jamais passionné les foules. Alors que le bouclier fiscal est à l'affût de ce qui peut le légitimer.

Concernant les bénéficiaires de pensions, les risques de lésion sont les mêmes. D'un côté, l'instauration de la déclaration préremplie facilite les démarches des personnes âgées ou handicapées. En contrepartie, qui va s'apercevoir d'une erreur en leur défaveur ? Lorsque ces contribuables bénéficient d'une déduction, la situation se complique. L'aide à domicile permet de bénéficier d'un crédit d'impôt de 50 %. Les installations spécifiques pour personnes âgées donnent droit également à un avantage. Si elles l'ignorent, qui peut les aider ? Au final, bon nombre de personnes âgées font cadeau du remboursement au Trésor. C'est inadmissible, et tout devrait être mis en œuvre pour éviter de telles situations. Par exemple, il suffirait de collecter les informations pour faire figurer sur la déclaration ces crédits ou réductions auxquels ont droit les contribuables les plus âgés. L'administration en a les moyens. La preuve ? La déclaration de revenus préremplie a, pour la première fois en 2008, fait état des revenus mobiliers de chaque foyer fiscal, ce qui a nécessité de recueillir près de trente millions d'informations. Les années précédentes, plus d'une centaine de millions de bulletins de paye avaient été transmis à l'administration par les employeurs et les organismes sociaux, pour que figurent sur les déclarations les salaires, pensions, indemnités journalières ou allocations chômage. Aussi performants que dévoués, les ordinateurs surpuissants de la Direction générale des finances publiques réalisent tous ses souhaits. Big Brother nous regarde, mais il peut aussi nous aider. Tout est affaire de choix… Et de volonté !

La loi réserve bien des surprises. Prenons l'exemple de ce couple, qui vit ensemble depuis trente ans sans être marié. Quand le monsieur, âgé de 90 ans, est hospitalisé, il souscrit en faveur de sa compagne un contrat d'assurance-vie, avant de décéder une quinzaine de jours plus tard. L'assurance-vie à percevoir est modeste, à peine 10 000 euros. Mais le fisc réclame 60 % de droits sur la somme perçue, en arguant qu'il s'agit d'une *donation indirecte*. La vieille dame tombe de haut. Elle ne comprend pas grand-chose à cette donation indirecte. Elle va voir le contrôleur, mais le redressement est maintenu. Elle devra verser 6 000 euros. La raison de cette « confiscation » ? Le fisc a le sentiment que le vieux monsieur a voulu profiter du système juste avant sa mort, en offrant à sa compagne une somme au nez et à la barbe des impôts. En effet, le versement de la prime peu de temps avant le décès du souscripteur est considéré comme une libéralité, en clair une manœuvre destinée à échapper à l'administration fiscale. Il aurait suffi qu'il souscrive le contrat avant d'être hospitalisé pour que le contrôleur n'ait plus rien à dire. Cet exemple est particulièrement cruel et scandaleux, mais la loi reste la loi. Si les personnes âgées pensaient au fisc comme le fisc pense à elles…

L'impôt ne bat pas en retraite

L'impôt est toujours actif, même lorsque le contribuable prend sa retraite. C'est à ce moment précis que les surprises l'attendent.

Perp, Perco, PEE... Voilà une multitude de régimes de retraite complémentaire, qui s'accompagnent tous d'avantages fiscaux. À force d'entendre dire que nos retraites sont en danger et que le déficit du régime général avoisine les 8 milliards d'euros, les contribuables sont inquiets, prêts à faire feu de tout bois pour assurer leurs vieux jours. Selon une étude de l'Observatoire des retraites Ipsos/Corem, 75 % des Français se posent des questions sur leur retraite et 53 % des actifs sondés épargnent pour la compléter.

Inutile de foncer tête baissée, en ignorant l'envers du décor.

La diversité des produits proposés ne facilite pas le choix. Les contribuables fortement imposés se tourneront vers un produit qui permet de déduire ses versements du revenu imposable, tels le Madelin ou le Prefon. Dans ce cas, la rente est imposable. En revanche, si l'objectif n'est pas de diminuer l'impôt sur le revenu, mais de percevoir une rente non imposable, il faut choisir le PEA. Les revenus sont exonérés d'impôt, que la sortie se fasse en capital ou en rente. Seuls les prélèvements sociaux sont à acquitter dans ce cas. Un vrai petit paradis fiscal pour la retraite. Le souci, c'est que le PEA comporte des risques liés à la Bourse que généralement seuls les plus fortunés peuvent prendre.

Si l'on cotise réellement pour s'assurer un complément de retraite, la déduction des contributions ne doit pas être l'élément décisif. En effet, l'État reprend au moment de la retraite les déductions qu'il avait accordées pendant le temps des cotisations, alors que l'activité du contribuable tournait à plein. Les carottes fiscales doivent pouvoir entrer en jeu au moment où l'on en aura le plus besoin, c'est pour cela qu'il me semble choquant d'imposer les retraites complémentaires, versées pour compenser la cessation d'activité. Il ne s'agit pas d'un revenu ou d'un placement : il faut un certain temps pour récupérer sa mise initiale et personne n'est jamais sûr d'y arriver.

Pour s'accorder aux principes en vogue de la justice fiscale, les retraites complémentaires pourraient par exemple bénéficier d'un abattement de 30 %, plafonné à un certain seuil de revenus.

Les services à la personne

Les services à domicile créent des emplois et répondent à une réelle nécessité. Signe des temps, ils doivent leur succès à l'allongement de la durée de vie mais aussi aux besoins croissants des particuliers, qui souhaitent faire appel à une nounou, une aide ménagère ou un informaticien. La fiscalité prend en compte cette évolution sociétale. Depuis sa création en 1992 par Martine Aubry pour lutter contre le travail au noir, la réduction d'impôt au titre des emplois familiaux n'a cessé de varier au gré des gouvernements. Son plafond a été relevé par le gouvernement Balladur, puis réduit par celui de Lionel Jospin, avant d'être de nouveau augmenté par Jean-Pierre Raffarin. Depuis 2005, le plafond est passé de 10 000 euros à

15 000 euros. Ce bond spectaculaire s'accompagne, depuis 2007, d'une nouvelle mesure plus favorable : l'avantage fiscal est transformé pour les actifs en un crédit d'impôt (remboursable s'il excède l'impôt dû). D'arme sociale contre le travail au noir, il s'est peu à peu transformé en niche fiscale particulièrement bien optimisée par ceux qui n'en ont pas forcément le plus besoin.

En pratique, l'État rembourse la moitié du coût de la personne employée à domicile, dans la limite d'un plafond.

Le bonus fiscal accordé sans condition de revenus est soit un crédit d'impôt, soit une réduction d'impôt. Le crédit d'impôt est intéressant pour les personnes percevant de faibles revenus ou non imposables, puisqu'il donne lieu à remboursement quand il excède le montant de l'impôt. Ainsi si nous avons droit à un crédit d'impôt de 2 000 euros, et que nous devons un impôt de 1 000 euros, le Trésor nous adressera un chèque de la différence, soit 1 000 euros. La réduction d'impôt, quant à elle, ne donne pas lieu à remboursement. Par un formidable tour de passe-passe fiscal, le législateur a limité la casse, en imposant une différence de traitement entre les actifs et les retraités. En effet, les inactifs ne peuvent pas bénéficier du crédit d'impôt attaché aux emplois familiaux, mais seulement d'une réduction. En clair, les retraités non imposables n'ont droit à aucun remboursement. Une superbe discrimination bien calculée, puisque c'est le troisième âge qui consomme le plus d'aide à domicile… Et qui coûterait le plus cher à l'État ! On fulmine en découvrant que les revenus les plus hauts peuvent, grâce à ce système de crédit d'impôt, s'offrir sur le dos de l'État un éventail de services.

Pour mettre fin à cette injustice, le crédit d'impôt doit être étendu aux retraités, les premiers à utiliser les services d'aide, d'assistance et d'accompagnement pour conserver autonomie et dignité.

Les dangers de la modernité

La campagne 2008 a valorisé les avantages de la déclaration préremplie. Les revenus de capitaux mobiliers y sont mentionnés pour la première fois. En revanche, on s'est bien gardé de communiquer sur l'envoi, désormais en un seul exemplaire, du formulaire. Une régression historique, qui prive les contribuables d'une trace facile à conserver. Certes, on peut désormais inscrire les revenus déclarés sur la notice explicative accompagnant le formulaire, mais ce n'est pas la même chose. Désormais, le contribuable doit faire à ses frais la copie. Bien sûr, il y a une bonne raison à cela : la protection de l'environnement. Peu convaincant. Une fois de plus, les personnes âgées sont sacrifiées. Parfois isolées dans les campagnes, ou limitées dans leurs facultés de se déplacer, elles n'ont finalement pas le double de leur déclaration. Une minorité ? Peut-être. Mais lorsqu'un système laisse à l'écart les personnes les plus fragiles, fussent-elles minoritaires, toute la modernité dont il peut se vanter perd sa valeur.

Avant toute réforme, Bercy devrait pouvoir consulter un comité de personnes âgées. Offrir 20 euros aux primo-déclarants sur Internet, exonérer d'impôt les jeunes pour les salaires perçus pendant les études, c'est bien, mais il n'en reste pas moins vrai qu'ignorer les personnes âgées est indigne d'une administration moderne. La modernisation qui ne prend pas en compte toutes les dimensions de l'humain est une régression.

Les handicapés

Fonction essentielle de l'impôt, la solidarité doit prendre en compte le handicap. Par principe, des abattements et des exonérations sont prévus pour alléger leur impôt sur le revenu, leur taxe d'habitation et leur redevance TV.

Les parents d'un enfant handicapé à charge, titulaire de la carte d'invalidité, mineur ou majeur célibataire, bénéficient d'une demi-part supplémentaire pour le calcul de l'impôt sur le revenu.

Si le titulaire adulte de la carte d'invalidité est célibataire, divorcé ou veuf ou si son conjoint est également invalide, il bénéficie d'une demi-part supplémentaire pour le calcul de l'impôt sur le revenu.

Les personnes invalides qui touchent une pension militaire pour une invalidité d'au moins 40 %, ou une pension d'invalidité pour accident du travail d'au moins 40 % bénéficient également d'un abattement en fonction de leur revenu.

L'allocation aux adultes handicapés, l'allocation d'éducation spéciale, la prestation de compensation du handicap, les aides allouées par l'État, les collectivités publiques ou les établissements publics sont exonérées d'impôt sur le revenu.

En revanche, et assez bizarrement, les sommes reçues pour un travail en atelier protégé, ou dans un centre d'aide, sont imposables.

Si le dénouement du contrat d'assurance-vie avant huit ans résulte de l'invalidité, les revenus sont quand même exonérés. En cas d'invalidité du bénéficiaire, de ses enfants ou de son conjoint, le déblocage anticipé du

PEE avant la période de cinq ans ne fait pas perdre le bénéfice de l'exonération d'impôt. Enfin, le non-respect de l'engagement pris pour bénéficier des avantages des investissements locatifs (Robien, Borloo, Scellier...) n'entraîne pas la remise en cause de l'avantage fiscal en cas d'invalidité du contribuable ou de son conjoint.

S'il est tenu compte d'un handicap pour le calcul de l'impôt sur le revenu, notamment par une majoration du quotient familial, ce n'est que depuis 2005 que les équipements installés dans le logement d'une personne handicapée donnent droit à un avantage fiscal. Retard choquant. Comme d'ailleurs celui concernant les primes accordées aux médaillés paralympiques. Il a fallu attendre les jeux Olympiques de 2008 à Pékin pour que le montant des primes des médaillés paralympiques soit aligné sur celui des médaillés olympiques.

Mais le vrai scandale concerne les aides à la personne : dans le cas d'un emploi à domicile, les personnes inactives sont exclues du bénéfice du crédit d'impôt restituable. Ils ont simplement droit à une réduction d'impôt, inutile s'ils sont non imposables. C'est inacceptable.

Depuis le 1er janvier 2009, les personnes infirmes ou les parents hébergeant leurs enfants handicapés peuvent bénéficier d'un abattement sur la taxe d'habitation. Sont concernés les titulaires de la carte d'invalidité, de l'allocation aux adultes handicapés ou de l'allocation supplémentaire d'invalidité. Mais cet abattement n'est que facultatif, il dépend du bon vouloir du conseil municipal, même si l'on sait bien que les difficultés financières rencontrées par un handicapé ne sont pas une question de localité.

L'abattement devrait être obligatoire et généralisé.

Est-il normal que les handicapés payent un malus sur les véhicules écologiques ? Cette question méritait débat. Pourtant, le législateur, pressé de légiférer, avait oublié que les personnes infirmes n'ont pas vraiment le choix : sans boîte automatique, impossible de conduire. Or, ces véhicules sont plus polluants que ceux à boîte mécanique. De nombreuses associations ont dénoncé cette injustice pour finalement obtenir gain de cause avec la loi de finances 2009 qui exonère les personnes handicapées du malus automobile. Une fois de plus, le législateur s'était contenté de valider la technique des lois, laissant de côté leur dimension humaine.

Les victimes du harcèlement

Le coût d'un contrôle fiscal ne se mesure pas uniquement en euros. Brutal et aveugle, il frappe plus douloureusement les personnes les plus vulnérables. Un contrôle est une incursion dans l'intimité du foyer : il suppose un examen approfondi pour apprécier la sincérité des déclarations, des recherches extérieures auprès des banques, un ou plusieurs interrogatoires intrusifs, et forcément une suspicion. Comment procéder sans mettre en doute la parole du contribuable ? Le vérificateur a le sentiment d'accomplir sa mission en ne laissant rien de côté. Parfois, la fraude saute aux yeux. Mais le plus souvent, il faut gratter sous les apparences pour la déceler. Devant les procédés, pourtant légaux, utilisés par le vérificateur, le contribuable a le sentiment d'être suspecté. L'envoi de demandes de renseignements adressées à ses clients, les informations recueillies auprès de différents organismes, les questions insistantes à ses collaborateurs ou sa famille le confortent dans cette idée. Quant au vérificateur, il doit réunir des preuves sérieuses pour ne pas voir son contrôle sanctionné par les tribunaux.

Même honnête, le contribuable peut tomber sous le coup d'un texte ignoré de tous, y compris de ses éventuels conseils, d'une interprétation surprenante de la loi ou d'une jurisprudence particulièrement sévère. Les garanties accordées au contribuable n'y peuvent rien. Tout s'effondre à la lecture de l'addition à payer, forcément ressentie comme injuste.

Quand tout va bien, le contrôle fiscal est une source importante de stress. Mais, pour peu que le contribuable soit fragilisé, il peut devenir le début d'un cercle infernal. Le vérificateur qui débarque dans l'entreprise ne connaît rien de la vie privée du dirigeant. Le contribuable vit différemment un contrôle selon ses difficultés du moment. J'ai vu des hommes d'affaires considérés comme des durs à cuire s'effondrer en pleurs le premier jour, alors qu'au final le redressement était insignifiant. Parfois, ce n'est pas tant le montant de l'addition qui inquiète le contribuable que ses conséquences sur sa vie privée, tels les agissements frauduleux d'un gérant de société révélés à ses associés, une épouse découvrant la seconde vie de son mari, un ami complice prêt à tout « balancer ». Autant de situations qui peuvent avoir une fin tragique.

À l'occasion d'un contrôle de la situation fiscale personnelle, le vérificateur est ainsi amené à examiner les comptes bancaires ouverts au nom de tous les membres du foyer. L'examen d'un compte bancaire est riche d'enseignements pour le vérificateur, mais pas seulement pour lui. Ici, un mari découvre que sa femme dispose d'une épargne dont il n'a jamais vu la couleur. À quelles fins ? Cet argent ne trahit-il pas l'existence d'un amant caché avec qui elle projetait de s'enfuir ?

Là, une épouse découvre la pension que son mari verse secrètement à un enfant dont elle ignorait l'existence. Le fisc apporte l'énorme responsabilité de dévoiler la vérité d'un foyer, au risque de le faire exploser. Le Royaume-Uni préfère un système moins conflictuel, qui impose les époux séparément pour préserver le caractère privé des activités financières. L'enfer de l'inquisition fiscale engendre parfois l'enfer de la suspicion conjugale et familiale.

La question que je pose à Mme L. n'est pas innocente. Dans son dossier, j'ai le listing du relevé complet de ses comptes bancaires. Mais cette épouse l'ignore encore.

– Non je n'ai jamais eu de livret.

Je n'insiste pas. Vingt ans de contrôles fiscaux m'ont appris à agir avec tact.

Le mari, appelé au téléphone, quitte la pièce. Je me fais alors plus insistant :

– Selon le relevé des comptes bancaires que j'ai sous les yeux, vous possédez un livret d'épargne.

– On ne peut rien vous cacher, j'ai bien un livret. Mon mari ne le sait pas. Il n'y a pas grand-chose dessus, mais je ne m'entends plus avec mon mari depuis longtemps. J'ai mis un peu d'argent de côté. L'affaire est à son nom et, s'il me quitte, je n'ai droit à rien.

Ce compte figure sur le relevé et je suis tenu de l'examiner. Sur trois ans, je relève une dizaine de versements.

– Je comprends votre problème, mais je suis obligé de vous demander de justifier l'origine de ces sommes.

Mme L. éclate en sanglots.

Au bureau, je rédige une « demande d'éclaircissements » adressée au nom des époux, comme l'exige la loi : « Vous voudrez bien me faire connaître l'origine des sommes versées sur le livret de Mme L. »

Quelques jours plus tard, son mari la quitte. Je ne peux pas m'empêcher de penser que cette lettre a accéléré les choses.

Dans une autre affaire, c'était le mari qui avait dissimulé à son épouse un compte où figuraient des versements effectués à sa secrétaire et même un voyage en Thaïlande. L'épouse a sombré dans une profonde dépression, avec cures de sommeil à la clé.

Autre problème, celui des prête-noms. Ou, plus communément, des femmes de paille. Le terme prête à sourire, mais en fiscalité, il masque une réalité plus sordide. Christine est follement amoureuse de Jean-Claude, spécialiste en amincissement pour dames. Elle le seconde dans son travail. Pourquoi ne pas créer une association sans but lucratif dont elle serait la présidente ? Cette simple formalité rend service à Jean-Claude, alors elle n'hésite pas. Simple formalité ? Lorsque l'association est vérifiée, Jean-Claude disparaît. Logiquement, le fisc va se retourner contre Christine. L'histoire est banale, et la crédulité des contribuables inquiétante. M. X a de la chance : sa secrétaire ne peut rien lui refuser. Elle accepte même de lui rendre service, en déposant des chèques sur son compte personnel, pour lui en reverser intégralement le montant en espèces, le temps que le divorce de M. X soit prononcé et que la pension alimentaire ait été fixée. Il est si arrangeant pour les horaires, si tendre avec elle… Ce service, qui devait durer quelques mois, a finalement perduré pendant plusieurs années. Jusqu'au jour où l'entreprise est contrôlée. La secrétaire est en première ligne, taxée d'office sur les chèques encaissés. Impossible pour elle de justifier que ces chèques ont été reversés en espèces à son patron.

Alors que j'étais jeune vérificateur, j'ai eu à contrôler une droguerie. Les collègues, vieux renards du fisc, ne voulaient pas de cette affaire « minable ». J'en avais hérité, histoire de me faire la main. Il n'y avait même pas de lumière dans ce magasin, aussi désert qu'un commerce de l'ex-URSS. Un couple de personnes âgées m'accueille et fait en sorte de me mettre à l'aise. J'ai le sentiment qu'ils pourraient être mes grands-parents. On m'offre la verveine et je repars avec des abricots du jardin. Pour ce qui est du contrôle, la marge est normale. Tout est parfaitement régulier, et je me sens soulagé de n'avoir rien à redresser, une fois n'est pas coutume. La réunion de brigade me ramène à la réalité : mes collègues y vantent leurs derniers exploits, sous le regard approbateur du chef de brigade. Vient mon tour :

– Et vous, où en êtes-vous ?

– Tout est correct, j'ai procédé à tous les contrôles.

– Vous m'étonnez, on trouve toujours quelque chose chez un droguiste. Jetez donc un coup d'œil aux comptes bancaires privés.

Son conseil est un ordre. Je repars avec la certitude de ne pas revenir bredouille. Sur le compte bancaire, peu d'opérations : des remboursements d'assurance-maladie, un trop-payé de taxe d'habitation… Et puis, sur le dernier relevé, je découvre une rentrée de 10 000 francs, soit 1 524 euros.

– Pouvez-vous me dire d'où vient cette somme ?

– C'est une vente d'or. Nous avions quelques économies que nous avons placées.

Je fais part de ma trouvaille à mon chef.

– Exigez qu'ils vous apportent la preuve de la cession.

Malgré les démarches effectuées, la banque ne peut fournir d'attestation. Elle aurait dû être réclamée au moment de l'opération.

Non sans fierté, je notifie mon premier redressement.

Peu de temps après, la vieille dame me téléphone :

– Mon mari est décédé, je ne dis pas que c'est de votre faute, mais il n'a pas supporté d'être traité de fraudeur. C'était un honnête homme, vous savez.

Je n'avais pas appris à gérer ce type d'émotions à l'École nationale des impôts. Avec un peu plus d'expérience, et devant le grand âge et de la bonne foi manifeste de ce couple de commerçants, j'aurais tout simplement laissé tomber.

Le contribuable imposé à tort est vulnérable. C'est toute notre fiscalité qu'il faut réformer vers plus de sécurité, d'humanité… Et, au fond, plus d'efficacité.

Égalité et solidarité fiscales

La femme a conquis de haute lutte son égalité fiscale. Au Moyen Âge, lorsque sa fille se mariait à l'extérieur du domaine, le serf était redevable du *formariage* au seigneur. La liberté d'une fille avait un prix. Plus tard, la Charte de 1814 définit comme électeurs ceux qui paient un impôt direct, le cens, supérieur à 300 francs. Les étrangers, les femmes, les indigents, les citoyens faiblement imposés, les dépendants et les mineurs, les gens en état d'accusation et les domestiques sont interdits de vote. Les choses ont changé mais… Plutôt lentement. Il y a à peine plus de quarante ans que la femme peut ouvrir un compte bancaire sans l'autorisation de son mari. La notion de chef de famille a complètement disparu en droit civil depuis la loi du 4 juin 1970, qui rappelle que « les époux assurent ensemble la direction morale et matérielle de la famille. Ils pourvoient à l'éducation des enfants et préparent leur avenir ». Mais le droit fiscal n'a pas vu cette avancée d'un bon œil. Pendant longtemps, seul le mari était reconnu comme chef de famille. Ce n'est que lorsqu'il était interné, voire incarcéré, que le fisc considérait la femme comme chef de famille. En dehors de ce cas, seul le mari signait la déclaration de revenus, les impositions étaient établies à son nom et lui seul pouvait les contester. En 1975, Françoise Giroud fait un clin d'œil aux femmes françaises en leur recommandant de signer la déclaration avec leurs époux, mais il faut attendre 1980 pour que l'épouse ait le droit de signer la déclaration sans que son mari puisse s'y opposer. Enfin, la loi du 29 décembre 1982 va consacrer l'égalité fiscale : l'impôt n'est plus établi au nom du mari, mais au nom du couple. Contrairement à ce qui se passe chez nous, le Canada, le Japon, la Finlande, la Grèce et la Suède, les États-Unis, l'Allemagne et l'Irlande laissent aux époux le choix entre l'imposition conjointe ou séparée.

En France, 53 % des personnes vivant au-dessous du seuil de la pauvreté sont des femmes. D'autre part, on sait que leur retraite est inférieure de 44 % à celle des hommes. La femme, l'égale de l'homme ? Pas évident, d'autant qu'au regard des impôts, elles sont souvent victimes du soutien professionnel ou patrimonial qu'elles accordent en toute générosité à leur compagnon.

Chaque année, au moment de signer la déclaration de revenus, Mme B. s'assure que son mari a bien mentionné le salaire qu'elle a perçu. Vu l'absence de communication dans le couple, elle serait bien en peine de vérifier l'exactitude des bénéfices qu'il déclare pour son entreprise. Les époux divorcent. Quelques mois plus tard, le mari disparaît dans la nature, abandonnant une importante dette fiscale. C'est à l'épouse que le percepteur va immédiatement réclamer l'impôt ! La solidarité fiscale l'autorise en effet à exiger de l'un des époux l'impôt du foyer que l'autre n'a pas payé. Or, dans plus de 87 % des cas, c'est sur les femmes que pèse cette obligation de solidarité. Que faut-il en penser ? Que les femmes sont plus droites, les hommes plus lâches ou l'administration très paresseuse, voire très injuste ?

La solidarité dans le paiement de l'impôt joue également vis-à-vis des partenaires d'un pacs : en cas de défaut de paiement, l'intégralité de la taxe d'habitation, de l'ISF ou de l'impôt sur le revenu peut être réclamée sans distinction à l'un ou l'autre des partenaires. Ce mécanisme peut se révéler être une véritable bombe à retardement.

Pendant plus de vingt ans, j'ai dénoncé dans mes ouvrages cette criante injustice. Nombreuses sont les femmes qui m'ont envoyé leur soutien et leurs témoignages. Fort heureusement, la loi de finances pour 2008 a prévu une échappatoire.

Depuis le 1er janvier 2009, le principe de décharge de solidarité est légalisé avec l'article 1691 *bis* du code général des impôts. Les personnes divorcées ou séparées et celles dont le pacte civil de solidarité a fait l'objet d'une dissolution sont en droit d'éviter la rigueur de la solidarité fiscale. Elles peuvent obtenir la décharge de solidarité des impositions réclamées au titre de la vie commune, en cas de disproportion marquée entre le montant de la dette fiscale et la situation financière et patrimoniale du demandeur. Cette décharge est accordée dans les proportions fixées par la loi, à condition que le demandeur ait respecté ses obligations déclaratives depuis la rupture de la vie commune. Cette décharge s'applique alors non seulement à l'impôt sur le revenu, à l'impôt de solidarité sur la fortune et à la taxe d'habitation, mais aussi aux contributions sociales.

Seule condition : il faut être irréprochable. Si le demandeur et son conjoint ou son partenaire de pacs se sont soustraits frauduleusement au paiement des impôts, la décharge ne peut être accordée. Si ces conditions ne sont pas remplies, reste un dernier recours : solliciter la décharge gracieuse, accordée à la discrétion de l'administration. Ce texte est une avancée certaine. Cette fois, la loi a entendu les victimes.

Le fisc ne fait pas bon ménage avec les concubins

Cinq millions de personnes vivent ensemble sans être mariées. Les concubins, même notoires, sont considérés comme deux foyers fiscaux distincts : chacun doit souscrire une déclaration. Alors que les partenaires d'un pacs sont assimilés à des personnes mariées au regard de l'impôt sur le revenu, des donations et successions, les personnes qui vivent en union libre sont considérées comme des étrangers. Ce statut leur permet d'échapper à la solidarité fiscale, mais les laisse sans recours lors du décès de l'un d'entre eux. Dans ce cas, l'autre versera aux impôts 60 % du legs. Un taux confiscatoire ! La différence de traitement avec les partenaires d'un pacs s'est accentuée depuis la loi Tepa du 22 août 2007, qui les exonère de droits de succession et aligne les droits de donation sur ceux applicables entre époux. Le taux progressif de la taxation des droits de donation varie de 5 à 40 %, après abattement de 76 000 euros[1]. Il n'est pas admissible que le taux de

1. Réactualisé chaque année, l'abattement est de 79 533 euros pour 2010.

60 % pour les donations entre concubins notoires soit maintenu. Tous les spécialistes proposent d'user de bon sens, en réduisant le taux des droits de donation entre non-parents.

S'informer à tout prix

La femme soudain veuve ou abandonnée avec ses enfants, obligée d'accepter le premier travail qui se présente, a-t-elle le temps, la force de s'informer, de se déplacer, de prendre des rendez-vous ? Dans ce tourbillon, elle ignore trop souvent des informations élémentaires qui auraient pu lui éviter de tomber dans les pièges fiscaux.

La protection du concubin est à considérer, d'autant que la durée de vie s'allonge… Surtout pour les femmes[1]. Au décès d'un partenaire en union libre, l'autre n'hérite de rien et n'a même aucun droit sur sa pension de réversion. Heureusement, quelques parades existent. Pour avantager un concubin, l'assurance-vie est la voie royale, puisqu'elle n'appartient pas au patrimoine que les éventuels héritiers vont se partager. Il suffit de ne pas dépasser la quotité disponible, c'est-à-dire le montant dont on peut librement disposer. Au moment du décès, le concubin reçoit alors le capital sans impôt, si son montant ne dépasse pas 152 500 euros.

Dans la majorité des situations, en cas de divorce, ce sont les femmes qui se retrouvent le plus souvent démunies. Créée par la loi de 1975, réformée en 2000 puis

1. Selon l'Insee, l'espérance de vie des Français en 2007 était de 84 ans pour les femmes, et 77 ans pour les hommes.

complétée en 2004, la prestation compensatoire est une indemnisation destinée à compenser la grande disparité des niveaux de vie entre les époux séparés. Environ 12 % des divorces se soldent par le versement d'une prestation compensatoire, sous forme de capital ou de rente. Ce n'est pas une sanction, qui n'est donc pas attribuée en fonction des torts de chacun. Le juge prend plutôt en compte l'âge, l'état de santé, la durée du mariage ou la qualification professionnelle des époux. L'exemple le plus courant, c'est celui de l'épouse qui a renoncé à travailler pour élever ses enfants. Le législateur reconnaît le fait qu'à partir d'un certain âge, elle aura du mal à retrouver du travail.

Lorsqu'il verse la prestation compensatoire sous forme de capital, le débiteur bénéficie d'une réduction d'impôt. De son côté, le bénéficiaire de la prestation compensatoire n'est pas imposables sur ce capital. Si le versement s'étale sur plus de douze mois, les sommes sont déductibles du revenu du débiteur et imposables chez celui qui les reçoit. Encore une subtilité à connaître.

Enfin, la femme, contribuable à part entière, ignore souvent ce qu'elle peut faire seule, sans l'accord de son mari : contester les impôts, souscrire la déclaration de revenus du foyer, se faire délivrer un extrait de rôle, obtenir communication de documents – déclarations de revenus, propositions de rectification, etc. – ou suivre seule le contrôle fiscal du foyer, l'examen contradictoire de situation fiscale privée (ESFP).

Sans-papiers mais pas sans déclaration !

Ils payent pourtant leurs impôts comme tout le monde, règlent leurs cotisations sociales et même la redevance audiovisuelle. Ils ont une adresse fixe mais pas de papiers en règle. Ils vivent dans la peur de retourner dans leur pays, loin de tout espoir.

« Sans-papiers et bons Français » : il y a là une contradiction flagrante. Payer l'impôt suppose d'avoir un travail, d'avoir une feuille de paye. Comment accepter la précarité dans ces conditions ? Bien sûr, l'impôt n'en est pas à une contradiction près mais il ne s'agit pas d'un débat technique sur l'impôt ni d'un débat sur l'immigration. Il s'agit du respect humain. Celui qui s'est ainsi intégré à la société a le droit de vivre, lui et sa famille, dans la sécurité. Il n'est pas humain d'encaisser l'impôt d'un contribuable qui du jour au lendemain peut se voir interpeller et enjoindre de quitter le territoire français. Si nous ne pouvons accueillir toute la misère du monde, nous avons le devoir de ne pas rejeter ceux dont nous avons encaissé l'impôt plusieurs années durant, ceux qui ont apporté leur contribution à la société.

« Sans-papiers et Bons Français[1] » titre *Paris-Match* : « Gaby porte en bandoulière une petite sacoche : “Je ne m'en sépare jamais”, lance-t-il. Noire, en toile plastifiée, elle n'a aucune valeur. Seul son contenu vaut de l'or : permis de conduire français, carte Vitale, carte Navigo, fiche de paie, déclarations de revenus… Rien que de la paperasserie ! “Si je suis contrôlé par la police, je sors tout. La seule chose qui me manque, c'est le titre de

1. *Paris-Match*, 12 juin 2008.

séjour. Avec tout ça et un peu de chance, je peux passer au travers." Les sans-papiers, comme ils sont vulgairement désignés, sont ceux qui s'en prémunissent le plus. Gaby, 26 ans, appartient à la France qui se lève tôt et se couche tard. Dès 4 heures du matin, il œuvre sur les marchés, dans les frigos, à moins de 0 °C. Puis, l'après-midi, il assure son service pour une société de nettoyage. "Je rentre, il est 23 heures. À ce rythme-là, je serai mort à 50 ans, mais je fais vivre toute ma famille en Côte d'Ivoire." À son arrivée en France, en 2002, il fait une demande d'asile politique, rejetée après examen. Le temps que son dossier s'instruise, il obtient sa carte Vitale et un permis de conduire français ; le tout, à son nom. "Le permis est une pièce d'identité en France. C'est avec ça que je décroche des contrats. Je paye des impôts depuis cinq ans." »

N'est-il pas discutable d'encaisser l'impôt d'un sans-papiers ? Sans sous-estimer la complexité des régularisations se pose la question du traitement de ces personnes fragiles. Dans le cas d'un individu inscrit au rôle de l'impôt publié à la préfecture, qui a versé son dû à l'État, occupé un emploi, qui a cotisé pour des caisses de retraite et la Sécurité sociale alors qu'il n'en tirera probablement jamais bénéfice et participé à l'activité économique du pays, c'est la pertinence d'un profit fiscal sur la précarité qui fait débat.

Un impôt d'un autre âge

Ce qui ressort de tous ces « abus de faiblesse fiscale », c'est le fossé qui existe entre l'impôt et la réalité humaine. L'impôt doit faire rentrer l'argent dans les caisses de l'État, c'est son rôle. Mais rien ne justifie ces dégâts collatéraux. Rendre compte des performances annuelles de l'administration est rassurant, mais renoncer en toute humilité à des impositions indûment réclamées – par exemple aux personnes âgées – serait une démarche nouvelle et responsable. Loin de culpabiliser l'administration, elle prendrait la mesure du phénomène afin d'y remédier. La performance se mesure à la réalisation des objectifs mais aussi à la façon de les atteindre.

CHAPITRE 5

La générosité épinglée

L'impôt règne donc en maître sur notre argent : il contrôle tous les mouvements financiers et ne tolère aucun écart. Malheur à ceux qui ne suivent pas le même chemin que lui ! Il poursuit et taxe le fraudeur, mais aussi le contribuable attentionné.

L'impôt réclame son dû sur le profit. Rien de plus normal.

Mais lorsqu'il ponctionne un acte gratuit, de pure générosité, il y a de quoi s'indigner. Même si au regard du droit, de la jurisprudence, il n'y a rien à redire. De quoi donner quelques regrets à celui dont le seul tort est d'avoir ignoré que l'impôt pèse sur toutes nos actions. Même les plus généreuses.

Taxer la générosité

Loger à bas prix un enfant ou un ami en difficulté, quoi de plus normal ? Mais pour le fisc, la gratuité est suspecte. Un logement loué à un enfant, un ami, à un prix trop faible, est imposé sur le loyer qu'aurait dû normalement rapporter la location : c'est l'impôt sur un revenu virtuel !

Votre fils traverse une passe difficile, un licenciement, un divorce ? Propriétaire d'un studio, vous décidez de le mettre à sa disposition, moyennant un loyer symbolique, le temps pour lui de rebondir. Attention, ce geste spontané risque de vous coûter cher : le fisc peut estimer que le loyer que vous lui avez accordé est sous-évalué. Dans ce cas, c'est le redressement assuré. Le contrôleur va comparer vos chiffres avec le loyer habituellement demandé pour un appartement similaire, et vous fera payer l'impôt sur la différence, majoré des intérêts de retard. Il en a le droit depuis un arrêt du Conseil d'État de 1939.

Le fisc ne s'embarrasse pas, il ne fait pas de différence entre un loyer réclamé à un quidam ou à l'enfant du propriétaire. Cerise sur le studio, la jurisprudence du Conseil d'État confirme que le bailleur peut être redressé du montant de la libéralité accordée à son locataire en exigeant un loyer insuffisant. Sauf à établir que des circonstances indépendantes de sa volonté ne permettent pas de louer à un prix normal. Comment expliquer cette position surprenante ? Le fisc considère que le propriétaire déclare un loyer anormalement faible pour déduire des charges d'un montant bien supérieur. Le but de cette opération ? Créer un déficit foncier, déductible de ses autres revenus fonciers ou de son revenu global. Le bailleur trop généreux, même si le fisc n'a aucune raison de douter de sa sincérité, paye pour les petits malins. Le mieux, à condition d'en avoir les moyens, reste de prêter le logement à son enfant, de ne pas lui réclamer de loyer, une présomption de gratuité existant en effet entre les membres de la famille. Il n'y a alors rien à déclarer, mais, en contrepartie, les charges ne peuvent être déduites. Toutefois, si l'enfant décidait de leur rembourser les charges, les mensualités du prêt pour l'acquisition de l'appartement, les parents risqueraient d'être redressés et imposés, ces sommes étant alors considérées… comme des loyers. Enfin, la gratuité n'est pas possible si les parents sont loueurs professionnels de meublés, une activité commerciale qui leur impose de générer des recettes. Entre parent et contribuable, il faut choisir.

En réalité, le risque d'être pénalisé existe aussi, même si vous vous contentez d'accueillir un enfant à votre foyer, un parent ou l'un de vos proches à votre propre domicile. Malheureusement, ce geste a un coût fiscal. Si une exonération totale ou partielle de la taxe d'habitation est accordée aux personnes de condition modeste, en logeant chez eux quelqu'un d'autre, ces contribuables risquent de voir augmenter cet impôt local. Le fisc estime que les nouveaux occupants de votre foyer vont contribuer d'une façon ou d'une autre aux dépenses, en allégeant vos propres charges. C'est loin d'être toujours le cas, et tous ceux qui ont déjà recueilli des proches traversant une période difficile le savent particulièrement bien. Entre la taxe d'habitation et l'altruisme, il faut à nouveau faire un choix. Quelle hérésie !

Une dernière surprise attend le généreux propriétaire qui aurait mis gratuitement son logement à la disposition d'un tiers ou d'un membre de sa famille : dans l'hypothèse de la vente de l'immeuble ayant constitué antérieurement son habitation principale, l'exonération de la plus-value ne s'applique pas puisqu'il n'habite plus le logement au jour de la cession. Est-ce à dire qu'il faut éviter de rendre service si on envisage de vendre un appartement ? Oui, mille fois oui… Selon le fisc.

Le démembrement de propriété peut aussi donner lieu à quelques surprises. À l'occasion d'une donation-partage, l'enfant obtient habituellement la nue-propriété et les parents l'usufruit, ce qui leur permet d'occuper le bien ou de le louer jusqu'à leur décès. Si jamais l'enfant, pour une raison ou une autre, habite le logement gratuitement, les parents seront imposés sur les loyers qu'ils auraient dû lui demander. Ce n'est pas tout : à la disparition des parents, les droits de succession seront alors calculés sur la pleine propriété. L'impôt voudrait supprimer la génération Tanguy qui s'incruste chez ses parents qu'il ne s'y prendrait pas mieux.

L'acquisition d'un appartement peut être l'occasion pour les parents de donner un coup de pouce à leur progéniture, en lui prêtant l'argent qui lui manque. C'est un prêt familial : il n'y a donc aucune obligation de l'enregistrer au centre des impôts. Et pourtant, rédiger une reconnaissance de dette est une bonne précaution, pour éviter que le fisc ne se fasse des idées, en voyant dans ce prêt familial une donation déguisée… mais immédiatement taxable.

Les ascendants peuvent également choisir de céder leur plan épargne logement à leurs enfants, en complément d'une acquisition immobilière. Ils bénéficieront donc du droit à prêt, assorti éventuellement des intérêts, voire du capital. Ce geste, au demeurant banal, s'apparente pour le fisc à une donation. Elle est donc susceptible d'être taxée comme telle, sauf si les parents se contentent de donner le droit à prêt. Avant de donner de l'argent, il vaut mieux réfléchir… à la façon de le transmettre.

Enfin, si les parents veulent vendre un bien à un enfant, il vaut mieux que le prix ne soit pas trop bas, et surtout qu'il soit effectivement réglé, sinon l'opération risque d'être « requalifiée » en *donation déguisée.*

Prêter n'est pas jouer !

Un ami est dans le besoin ? Nous lui prêtons de l'argent. Fatale erreur ! Ce geste peut se retourner contre lui. À défaut de pouvoir être justifié, le prêt peut être taxé comme un revenu, ou comme une donation déguisée. Le mieux reste donc de faire enregistrer le prêt au service des impôts. Mon conseil ? Suivez les élans de votre cœur, mais, avant, passez voir votre contrôleur.

Pour le fisc, en fait un – beau – geste n'est jamais désintéressé. En cas de démembrement de propriété entre le nu-propriétaire et l'usufruitier, ce dernier garde l'usage du bien. Il peut donc en disposer comme bon lui semble, l'occuper ou le louer. Mais, si l'usufruitier fait cadeau au nu-propriétaire des loyers[1], le fisc voit double. Il impose l'usufruitier sur les loyers dont il s'est privé dans la catégorie des revenus fonciers. Quant au nu-propriétaire, il est lui aussi imposé mais dans la catégorie des bénéfices non commerciaux. C'est la magie fiscale.

Aider un locataire en difficulté est aussi répréhensible. Une locataire, habituellement régulière dans ses paiements, doit soudain faire face à un décès qui l'empêche d'assumer son loyer. La dette prend de l'ampleur, et le propriétaire, compréhensif, lui propose de régulariser la situation dès qu'elle aura touché son héritage. Lorsque la locataire perçoit enfin les dividendes de la succession, son propriétaire, très généreux, lui fait finalement cadeau de la dette. Ce geste sera froidement qualifié par le fisc d'abandon de loyer. Surprise : il

1. Si l'abandon des revenus est constaté par un acte, les loyers sont imposables entre les mains du bénéficiaire réel.

est imposable. La même sanction est applicable si un propriétaire ne réclame pas les loyers dus à un locataire mauvais payeur.

Donner à un ami, c'est donner… au fisc

Le don manuel ? C'est la façon la plus courante de donner une somme d'argent. Pratique, simple, discrète, la méthode est séduisante. Mais attention aux pièges ! Le don manuel, c'est la transmission d'un bien quelconque : objets, titres, meubles, chèques, bijoux… En clair, tout ce qui peut passer de main en main. Les occasions de donner ne manquent pas, à un époux, un enfant, un ami… Sans oublier l'ami qui vous veut du bien : le fisc.

Si le conjoint survivant, depuis quelques années, reçoit de la loi une part plus importante de la succession, et s'il bénéficie désormais du droit au maintien dans le logement après le décès, il n'en reste pas moins que faire une donation au dernier survivant est une précaution indispensable en présence d'enfants. Quant aux couples pacsés, ils n'héritent pas de façon automatique, et la donation trouve là encore tout son intérêt. Depuis la loi dite Tepa d'août 2007, les donations entre époux ou partenaires d'un pacs sont taxées de la même manière, à un taux progressif entre 5 % et 40 %, selon la tranche dans laquelle se situe le montant du don, après un abattement de 76 000 euros[1].

Les concubins sont, eux, les plus mal lotis, face à une fiscalité particulièrement dissuasive. Considérés comme

1. Réactualisé chaque année, l'abattement est de 79 533 euros pour 2010.

des étrangers, ils payent leur choix de vie au prix fort : 60 % de taxe, sans aucun abattement. Ce tarif s'applique également à toutes les personnes sans lien de parenté. Les dons à un ami sont en première ligne. Même si la surprise est encore plus grande lorsqu'il s'agit de donner à un proche. L'enfant d'un premier lit est un étranger sur le plan juridique ! Une donation d'un beau-père ou d'une belle-mère en sa faveur sera taxée au taux de 60 %. Un impôt injuste et prohibitif, alors qu'il y a aujourd'hui plus de sept millions de familles recomposées en France, dont les liens affectifs peuvent générer des envies de partage de l'héritage.

Certes, il existe nombre de subterfuges pour contourner ces règles d'un autre âge, comme par exemple l'assurance-vie. Donner à un proche la nue-propriété d'un bien permet aussi de bénéficier d'un allègement de la taxation, puisqu'au décès du donateur, le nu-propriétaire devient alors propriétaire sans avoir à payer de droits de succession. Ces techniques d'anticipation doivent être utilisées assez tôt pour être intéressantes. Malheureusement, beaucoup découvrent ces procédés trop tard et se retrouvent au pied du mur, pieds et poings liés par une taxation confiscatoire de 60 %.

Échappent tout de même aux droits de donation, les cadeaux offerts à l'occasion d'un mariage, d'un anniversaire, de l'obtention d'un diplôme. Généreux ? À voir. Car la condition est que le cadeau reste « raisonnable » comparé aux moyens du donateur. Il est alors qualifié de *présent d'usage,* non taxable. A contrario, si les deux conditions précédentes ne sont pas remplies, le cadeau sera soumis à l'impôt, selon le barème des donations. Les (gros) cadeaux des riches entretiennent l'amitié. Quant à ceux des plus modestes, ils tombent dans l'escarcelle du fisc. Ainsi, la voiture offerte par un père aisé à son fils sera bien sûr considérée à son décès comme présent d'usage, échappant aux droits de mutation. Venant d'une famille plus modeste, le même cadeau sera considéré comme un don, soumis aux taxes d'usage. C'est souvent au décès du donateur que le fisc bouge, surtout lorsque des cadeaux ont été faits dans les mois précédant le décès. Sacha Guitry, homme de cinéma et de théâtre, est bien connu pour son humour. Mais il est aussi à l'origine d'une célèbre jurisprudence sur les *présents d'usage.* En effet, il avait offert une très belle bague à son épouse pour leur anniversaire de mariage. Don manuel ou présent d'usage ? Eu égard à l'événement, et à la situation de fortune de Sacha Guitry, les juges ont reconnu qu'il s'agissait d'un présent d'usage. Jurisprudence toujours de mise, comme d'ailleurs l'une de ses répliques : « Il y a deux choses inadmissibles sur la terre : la mort et les impôts. »

Un vieux réflexe de discrétion pousse beaucoup d'entre nous à donner des bons anonymes. C'est la plus grosse erreur que nous puissions faire, car leur fiscalité est terrifiante. Le remboursement des bons donne lieu à un prélèvement sur le capital de 2 % par année de détention. L'addition peut monter très vite. De plus, les intérêts sont taxés au taux de 60 %. Enfin, s'ajoutent les prélèvements sociaux de 12,1 %. En clair, une fois le fisc passé, il ne reste pas grand-chose. Et ce n'est pas forcément fini. Lorsque le fisc interrogera le bénéficiaire sur l'origine des fonds qui lui ont permis d'acquérir sa maison de campagne, l'alibi des bons anonymes sera irrecevable. C'est donc un vrai cadeau empoisonné. Bel exemple d'une fiscalité ridicule : d'un côté on met en place le système des bons anonymes au nom de la liberté de choisir ses placements, de l'autre, on les taxe au maximum pour dissuader de les utiliser. Quelle hypocrisie !

Donner à une association ?

On compte en France plus d'un million d'associations à but non lucratif. Espace de liberté, l'association est un élément important de la vie en société, qui fait partie du paysage démocratique. Mais là encore, les pièges ne manquent pas.

Un écrivain raconte dans un ouvrage la vie de son village natal. Il abandonne ses quelques droits d'auteur à l'association de randonneurs qui vend ses livres, geste sympathique d'autant qu'elle ne roule pas sur l'or. Jusqu'au jour où l'association est contrôlée. Le vérificateur redresse quelques broutilles mais va trouver à imposer l'écrivain sur les droits d'auteur qu'il n'a jamais perçus, puisqu'il les a laissés à l'association. Pourtant, on relève tout au plus une centaine d'ouvrages vendus en trois ans. Un écrivain imposé sur des droits jamais perçus, de quoi lui donner une belle crampe au moment d'écrire le suivant !

Une association n'est pas une société. Gérée par des bénévoles, elle n'a donc pas à payer d'impôt. Postulat rassurant qui a longtemps fait partie des mythes qui ont la vie dure. Et pour cause… Qui n'a pas rêvé d'un havre de paix, pour s'adonner à son loisir préféré loin des déclarations à remplir ? Mais les temps ont changé depuis la loi de 1901. Pour vivre, l'association doit récolter de l'argent. Il est donc parfaitement légal pour elle d'avoir une activité économique à condition de respecter la législation.

Pour ne pas créer de distorsion avec les entreprises commerciales, lorsqu'elle exerce une activité lucrative, l'association doit acquitter les impôts commerciaux :

TVA, impôt sur les sociétés, taxe professionnelle. Et cela sans qu'aucun membre, aucun dirigeant n'en tire profit. Encore faut-il le savoir plutôt que de l'apprendre à l'occasion d'un contrôle fiscal et d'avoir à régler un redressement sur trois années en arrière. La fiscalité applicable dans ce cas ? Elle est loin d'être simple. Savoir si une association doit payer des impôts sur ses activités suppose de répondre à trois questions : la gestion est-elle désintéressée ? L'association concurrence-t-elle le secteur commercial ? Exerce-t-elle son activité selon des modalités de gestion similaires à celles des entreprises commerciales ? Une affaire de spécialistes. Le flou artistique qui entourait la fiscalité des associations a été clarifié par plusieurs instructions de l'administration.

Les associations peuvent aussi interroger l'administration pour connaître leurs obligations fiscales. Mais ces avancées sont insuffisantes. Nombre d'entre elles n'ont pas les moyens de s'offrir un comptable, c'est en général un bénévole qui s'occupe des chiffres. Sans compter qu'un contrôle qui tourne mal peut avoir des conséquences désastreuses sur la vie de l'association. Ses recettes commerciales sont marginales, elle n'est pas une entreprise, elle ne peut généralement espérer compter sur son activité pour régler l'impôt qui lui est réclamé.

Il existe un impôt unique dans notre droit : la taxation des dons manuels versés aux associations. En principe, ces ressources ne sont pas imposables. Pourtant, en cas de contrôle fiscal, elles le deviennent[1], au taux de 60 %, sans compter les pénalités. Pour 15 euros versés, 9 euros iront dans les caisses de l'État. Une telle situation crée une iné-

1. À l'exception des organismes d'intérêt général.

galité flagrante entre les associations vérifiées et les autres. Le choix de l'association vérifiée appartenant à l'administration, on imagine l'espace d'arbitraire que peut créer un contrôle fiscal. L'association qui perçoit un don devrait logiquement attendre dix ans la prescription d'un éventuel contrôle, pour utiliser l'argent qui lui a été donné. On nage en plein délire !

Les dons versés à certaines associations permettent par ailleurs au donateur de bénéficier d'une réduction d'impôt sur le revenu de 66 %, dans la limite de 20 % du revenu, ce taux étant porté à 75 % pour les dons en faveur d'associations d'aide aux personnes en difficulté depuis « l'amendement Coluche », dans la limite d'un plafond de versement. Mais pour en bénéficier, encore faut-il payer l'impôt sur le revenu, ce qui n'est pas le cas pour les contribuables modestes et pourtant généreux donateurs. Ce système n'est pas juste, quand il suffirait de remplacer la réduction par un crédit d'impôt remboursable dans tous les cas. Autre injustice, les associations, fussent-elles reconnues d'utilité publique, ne peuvent pas faire bénéficier leurs généreux donateurs de la réduction d'impôt de 75 % sur l'ISF, exclusivement accordée aux versements en faveur des fondations, établissements de recherche, d'enseignement, ou encore groupements d'employeurs pour l'insertion et la qualification.

Mettre fin à la spoliation

En guise de conclusion, on peut penser qu'il n'est pas admissible que l'État prélève 60 % dès le premier euro sur un don fait à une personne étrangère à la famille.

Procédé qualifié d'« attentat aux libertés de la personne » par un enquêté interrogé à propos de la fraude fiscale[1]. Tout aussi révoltant, le taux de taxation de 55 % entre oncle ou tante et neveux ou nièces. L'impôt des temps modernes doit en finir avec une telle taxation spoliatrice.

Qui a le réflexe de chiffrer l'impôt que lui coûtera sa générosité ?

Rares sont ceux qui connaissent cette pernicieuse imposition. Les brochures des centres des impôts, fort bien faites par ailleurs, sont plutôt discrètes à ce sujet. L'impôt qui surprend l'honnête contribuable retarde le nécessaire consentement à l'impôt.

En cette période de crise, de nombreuses mesures fiscales sont prises pour relancer le pouvoir d'achat. Plus prosaïquement, la crise que nous traversons a montré les limites d'une société égoïste. Héberger un ami ou prêter de l'argent à un parent sont des gestes qui constituent une véritable bouée de sauvetage. S'impliquer, communiquer, fait revivre l'humain : jamais il n'y a eu autant d'engouement pour les structures associatives. Il n'est pas normal que la fiscalité ne s'adapte pas à cette évolution. Or elle est désormais un obstacle à une société plus conviviale, plus solidaire.

1. Jean Dubergé, *Les Français face à l'impôt,* LGDJ, 1990.

CHAPITRE 6

La vérité sur les contrôles

Une évidence d'emblée : les contribuables ne sont pas égaux face au contrôle fiscal. Celui-ci représente pourtant un outil essentiel pour assurer un minimum de justice. C'est le « contrôle paradoxe ».

Contrepartie du système déclaratif, l'administration doit s'assurer de l'exactitude et de la sincérité des informations transmises, comme l'indique la Charte du contribuable vérifié. Ce document, véritable contrat de confiance – si l'on peut dire –, précise aussi les règles de procédure. C'est un bon début. J'y adhérais sans réserve alors que, jeune vérificateur, j'endossais le costume cravate du justicier. Les années ont érodé mon angélisme.

Les cahiers de doléances, accumulées au fil des années, ont eu raison de la façon dont se déroulaient autrefois les contrôles fiscaux. Devant la montée des conflits, les garanties du contribuable vérifié ont été accrues. En 1986, sous l'impulsion d'Edouard Balladur, alors ministre de l'Économie et des Finances, est instituée une commission destinée à améliorer les rapports entre les citoyens et les administrations fiscales et douanières, baptisée commission Aicardi, du nom de son président. Ses propositions ont été reprises par la loi de finances rectificative du 11 juillet 1986 et par la loi de finances pour 1987. Des « garde-fous » entourent désormais la procédure de contrôle : envoi d'une mise en demeure obligatoire avant toute taxation pour défaut de déclaration, charge de la preuve incombant à l'administration, visa de l'inspecteur principal obligatoire pour l'application des pénalités de mauvaise foi. Mais, ne nous y trompons pas, toutes ces avancées sont, comme beaucoup de mesures prises ces dernières années, un simple rééquilibrage des droits du contribuable, jusqu'alors en position de faiblesse face à l'État. Pour ce qui est de l'égalité des contribuables devant le contrôle fiscal, rien n'a bougé !

Contrôle sur pièces ou sur place

Recueillir les données, les vérifier pour établir les impositions, c'est la mission de l'administration. Le contrôle des déclarations est effectué sur pièces, ou sur place. Le contrôle sur pièces, le plus courant, a rapporté, pour la seule année 2008, 5,6 milliards d'euros. Il s'opère à l'insu du contribuable à partir des renseignements contenus dans son dossier : actes notariés, acquisitions de véhicules, prêts, divers renseignements recueillis auprès de tiers, bilans d'entreprises… En rapprochant ces pièces avec la déclaration de revenus, le contrôleur peut mettre en lumière des incohérences. S'il a des doutes, il adresse une *demande de renseignements* au contribuable. Si l'explication est satisfaisante, l'affaire est classée. Dans le cas contraire, le service peut opérer un rehaussement de la base déclarée et s'en tenir là. Mais parfois, le directeur des services fiscaux peut décider que l'affaire fera l'objet d'un contrôle sur place, consistant soit en une vérification de comptabilité » limitée aux revenus et impôts professionnels, soit en un examen contradictoire de situation fiscale personnelle (ESFP) pour les particuliers. Le pire ? Le cumul des deux types de contrôles, « la totale », dans le jargon du métier.

Pour vérifier la comptabilité de l'activité professionnelle, le vérificateur se rend dans les locaux de l'entreprise. En 2008, 47 844 vérifications de comptabilité ont été opérées. Le contrôleur rapproche la comptabilité de la déclaration de bénéfices, il déniche les incohérences, s'assure de la réalité des recettes déclarées, des frais et charges déduits. Il dispose donc d'une marge de manœuvre aussi large que sa créativité. Tout l'art est d'appliquer la stratégie la mieux adaptée pour vérifier le chiffre d'affaires déclaré, la partie la plus importante du contrôle, souvent la plus « juteuse ». Or, les techniques pour démasquer les tricheurs ne manquent pas : le contrôle de la marge pour un magasin de prêt-à-porter ; le comptage des bouteilles chez un restaurateur ; le comptage des alcools, jus de fruits, cafés dans un bar ; la consommation d'électricité chez les coiffeurs ; les draps lavés dans un hôtel.

Quant à l'examen contradictoire de situation fiscale privée, véritable fouille des finances personnelles, il a concerné 4 166 particuliers en 2008. Il s'agit de savoir si les revenus déclarés correspondent bien aux revenus réels du contribuable et s'il y a cohérence entre la déclaration d'une part, et d'autre part la situation patrimoniale, la trésorerie et les éléments du train de vie. Les entrepreneurs sont évidemment les cibles rêvées d'un ESFP : lorsqu'une entreprise est vérifiée, le dossier de son dirigeant est passé au crible.

Les professions libérales ne sont pas épargnées non plus. Quant aux salariés, ils subissent plus rarement ce contrôle. Bref, aucun particulier n'est à l'abri de cette redoutable procédure qui permet à l'administration de décortiquer l'ensemble des revenus. À la différence de la vérification de comptabilité, les textes ne précisent nullement le lieu de déroulement du contrôle, il a cependant lieu dans les locaux de l'administration. Morceau de choix de l'ESFP : l'examen des relevés bancaires. Révélateur, il permet d'identifier les dépôts de chèques, virements et versements d'espèces et de vérifier leur cohérence avec les revenus déclarés, en tenant également compte des éléments patrimoniaux figurant au dossier – achats de bijoux, yachts, voitures, croisières. On établit ensuite une « balance de trésorerie », d'un côté la totalité des dépenses, de l'autre les revenus déclarés. La différence fait suspecter des « oublis » dans la déclaration. Pour en avoir le cœur net, le vérificateur pose par écrit ses questions au contribuable qui doit s'expliquer, en lui adressant *une demande d'éclaircissements ou de justifications.* En cas de réponse incomplète, le fisc adresse une mise en demeure d'avoir à compléter sa réponse. Le contribuable dispose alors de trente jours supplémentaires pour ce faire. Si ces réponses sont jugées suffisantes, les choses en restent là, mais bien souvent, ça se complique. Tel est le cas si, par exemple, la personne se borne à préciser que les sommes encaissées proviennent de ses parents, d'économies personnelles ou encore de quelques « vagues » prêts. Une proposition de rectification lui est alors adressée, l'informant qu'elle est taxée d'office sur les sommes qu'elle n'a pu justifier. Le contribuable dispose alors de trente jours, ou, à sa demande expresse, de soixante jours, pour présenter ses observations.

Normalement limité à un an, l'ESFP peut durer plus longtemps. Ce délai part de la réception de l'avis de vérification – et non pas, comme pour la vérification de comptabilité, du début des opérations de contrôle sur place. Ainsi, pour un ESFP engagé le 1er septembre 2010, le vérificateur doit adresser la proposition de rectification avant le 1er septembre 2011. Passé ce délai, le contrôle est irrégulier. Cependant, le fisc bénéficie d'une rallonge égale aux délais nécessaires à l'administration pour se procurer les relevés bancaires, si le contribuable ne les a pas fournis dans le délai de soixante jours, ou pour obtenir des renseignements auprès des autorités étrangères. Le délai de contrôle est également prorogé des délais accordés au contribuable pour répondre à une demande de justification. La vérification peut même s'étendre sur deux ans, lorsque l'administration découvre, au cours du contrôle, une activité occulte.

Jamais sans mon conseil… si les moyens le permettent

Qu'est-ce qu'un contrôle ? Quels sont mes droits ? Qu'est-ce que je risque ? Quelle attitude avoir pendant le contrôle ? Que faire lors de la réception de la proposition de rectification ? Comment contester ? Autant de questions pour lesquelles il vaut mieux connaître des gens bien informés. Si la Charte du contribuable vérifié, document joint à l'avis de vérification, permet de connaître ses droits face au contrôle fiscal, d'autres questions ne trouveront de réponses qu'auprès d'un professionnel.

Lors de l'annonce du contrôle, l'avis précise fort prudemment que le contribuable peut se faire assister d'un conseil. Sa mission : tranquilliser son client, lui expliquer ce qui l'attend, ce qu'il risque, anticiper les réponses aux questions du vérificateur. Il donnera à son client quelques ficelles à ne pas sous-estimer : attendre le dernier jour pour communiquer certaines informations qui lui sont demandées, éviter de répondre par téléphone et exiger un écrit, ne pas se jeter bêtement dans la gueule du loup, ne pas anticiper les questions, ne pas se précipiter pour répondre... Une réponse, au demeurant anodine, peut être utilisée contre lui. Et un contribuable averti en vaut deux.

Quelle attitude adopter avec le vérificateur ? Le conseiller fiscal, souvent un ancien de la maison, met en garde son client. Toute attitude agressive pouvant se retourner contre lui, autant le savoir, un coup de sang est vite pris. Des menaces à l'encontre du vérificateur, ou le refus de présenter les documents sont constitutifs d'une *opposition à contrôle fiscal*. En faisant reporter plusieurs fois la date de début du contrôle, par exemple, il y a un risque. La patience du vérificateur a des limites. Après diverses tentatives, correspondances, appels téléphoniques, il peut faire constater l'opposition. Le risque ? Que l'administration procède à une évaluation d'office à partir de bases d'imposition souvent excessives. Du coup, le recours à la Commission départementale des impôts devient impossible et l'issue peut être une pénalité atteignant 100 % ! « L'opposition à contrôle » est la pire des choses qui puisse arriver au contribuable vérifié.

Le conseil met aussi en garde son client contre toute attitude agressive ou discourtoise, en lui rappelant que c'est le vérificateur qui détermine les pénalités à appliquer, donne par exemple son avis sur d'éventuelles poursuites correctionnelles ou instruit une éventuelle demande de remise de pénalités. Mais son rôle ne se limite pas à du coaching. Si le contrôle débute en fin d'année, il va aider son client à « manœuvrer », en utilisant les règles de la prescription à son avantage. Ainsi, lorsque le contrôle privé débute en octobre, il peut faire gagner une année, voire quelques millions à son client, en lui conseillant le plus légalement du monde de ne pas communiquer ses relevés bancaires dans le délai imparti de soixante jours. Pour un contrôle concernant l'année 2007 et commencé le 15 octobre 2010, les relevés bancaires doivent être communiqués le 15 décembre de la même année au plus tard. À défaut, le vérificateur en obtiendra communication auprès de la banque. Dans le meilleur des cas, il les recevra début janvier 2011. Il sera alors trop tard pour adresser la proposition de rectification, l'année 2007 étant prescrite au 31 décembre 2010. Le délai de vérification expirant le 31 décembre de la troisième année qui suit l'année vérifiée, la proposition de rectification devait parvenir au contribuable au plus tard le 31 décembre 2010. Mission impossible.

Mais là ne s'arrête pas le rôle du conseil. Il peut assister, voire représenter son client pris par une obligation, ou préférant éviter un face-à-face avec l'inspecteur. Avant de répondre aux questions, le contribuable sera bien inspiré de l'écouter, chaque mot pouvant se retourner contre lui. Il est difficile de bien gérer ses relations avec le vérificateur : on en dit souvent trop, donnant ainsi le bâton pour se faire battre. Le conseiller fiscal est vigilant sur l'attitude de son client, sur ses réponses mais aussi sur les dérapages éventuels du vérificateur, qu'il ne manquera pas d'exploiter en faveur du contribuable. Un chef d'entreprise ne s'était pas opposé à ce que le vérificateur emporte des documents pour faire des copies à son bureau, la photocopieuse de l'entreprise étant en panne. À la mi-journée, comme chaque jour, le conseil est tenu au courant du déroulement du contrôle. Son client lui fait part de ce qu'il pense être une simple anecdote. Les questions du conseil se bousculent :

« Est-ce vous qui avez proposé au vérificateur d'aller faire les photocopies ? De quels documents s'agit-il ? Combien de feuillets ? S'agit-il déjà de copies ou d'originaux ? »

Diagnostic : « Eh bien, vous avez de la chance, nous tenons là un vrai vice de procédure ! » Le contrôle est un combat entre juristes, avec ses règles du jeu et ses peaux de bananes. Il faut du métier pour gagner.

Mais tous ne se terminent pas aussi simplement. À l'issue du contrôle, le vérificateur expose les redressements qu'il envisage d'opérer. C'est le moment d'énoncer les motifs de désaccord, pour amener le vérificateur à revoir sa position, compte tenu d'éléments qu'il n'aurait pas pris en compte. À l'occasion de cette discussion, si l'argumentation du conseil est importante, sa réputation auprès de l'administration l'est encore plus.

Reste à attendre l'addition. Le contribuable doit veiller à être présent lors de la réception de la proposition de rectification, laquelle, en cas d'absence de réaction expressément notifiée à l'administration, est censée être tacitement acceptée.

Même si la lettre recommandée de notification n'est pas retirée à la poste, elle produit ses effets à la date de mise à disposition.

Pour un néophyte, la lecture de la proposition de rectification est ardue, elle renvoie à des textes usant d'un jargon très spécifique. Tout est ficelé pour donner l'impression que le redressement est imparable. À ce stade, l'intervention d'un professionnel est nécessaire.

Répondre à l'administration est un art, chaque mot doit être pesé. Le conseil saura démasquer la faiblesse de l'argumentation et l'exploiter à bon escient. En fiscalité, il vaut mieux éviter de parier sur l'improvisation. Ce contribuable s'était adressé à un ami qui se targuait de savoir faire baisser les rappels d'impôt. À son actif trois contrôles. En toute amitié, il examine la proposition de rectification. Verdict, sans appel : « Mon vieux, le vérificateur a l'obligation de motiver le redressement, on ne sait pas bien ce qu'il te reproche. J'ai gagné un contrôle grâce à ça. Écris au vérificateur, tu verras… » Mais c'était méconnaître la subtilité de la procédure. Le vérificateur s'est contenté d'adresser une nouvelle proposition de rectification. L'insuffisance de motivation est une cause de nullité du contrôle, à condition d'être soulevée au bon moment, juste avant le délai de prescription. Ce délai, au-delà duquel l'administration ne peut plus agir, est de trois ans ; il aurait donc fallu attendre, concernant un redressement sur l'année 2008, le 1er janvier 2012 pour soulever l'erreur. Mais cela, l'ami bien intentionné l'ignorait.

Égalité dans les textes, injustice dans les faits

D'autres inégalités apparaissent dans le déroulement du contrôle, sans que le contribuable en soit conscient. Les contrôles de fin d'année sont la meilleure ou la pire des choses. La pire, c'est lorsque le contrôle commence fin octobre. Le vérificateur doit alors rédiger sa proposition de rectification pour qu'elle arrive avant la date fatidique du 31 décembre. Autrement dit, il est très pressé d'en finir… Et gare à l'addition ! En effet, un contrôle ne peut remonter que trois ans en arrière, et la première année vérifiée est prescrite au 31 décembre. Par exemple, la proposition de rectification de l'année 2007 doit être adressée au plus tard le 31 décembre 2010. Le vérificateur va faire le maximum pour éviter d'être coincé par la prescription, qui sera interrompue par le simple envoi d'une proposition de rectification. Pris par le temps, le contrôleur envoie souvent une proposition en visant large, sans toujours s'assurer que les sommes réclamées sont réellement dues. Quitte à faire machine arrière lorsqu'il aura pris connaissance des observations du contribuable.

Il suffirait de stopper toute vérification au-delà du 1er octobre pour mettre fin à cette situation génératrice de stress et d'injustice. À l'inverse, commencé en fin d'année, un contrôle peut être un joli cadeau de Noël. Bien conseillé, un contribuable peut en effet manœuvrer pour effacer de son ardoise une année entière, par le jeu des dépassements de délais.

Là n'est pas la seule injustice résultant de cette prescription. Les fraudeurs sont en principe vérifiés sur trois ans, comme tout le monde. Toutefois, le législateur a prévu d'élargir le contrôle à cinq ans, en cas d'agissements entraînant le dépôt d'une plainte pour fraude fiscale. Cette disposition ne peut pratiquement jamais s'appliquer, compte tenu du temps mis à déposer la plainte. La loi doit être réaménagée. Il n'est pas admissible que le contribuable honnête soit en réalité soumis au même délai de prescription que le fraudeur avéré, et au bout du compte au même contrôle sur trois ans.

Contester ne s'improvise pas

Tout le monde peut cependant contester une imposition : il suffit d'adresser une réclamation au fisc. En cas de rejet, une requête peut être adressée au tribunal. Tout est gratuit, apparemment simple, l'accès à la justice semble donc assuré pour tous, du moins dans les textes.

Pourtant, le contentieux fiscal ne s'improvise pas. Il vaut mieux connaître les lois, les instructions, la doctrine ou les jurisprudences. Même fondée, une imposition peut être annulée pour vice de forme, pour peu qu'on sache le détecter, le faire valoir et à quel moment le soulever.

Par exemple, le vérificateur peut demander à un contribuable de justifier une discordance entre les revenus déclarés et les encaissements bancaires. Cette discordance, selon la jurisprudence, doit être au moins du double. À défaut, l'administration n'est pas en droit de demander des explications au contribuable et, a fortiori, de le taxer sur cette différence inexpliquée. Celui qui se défend seul ignore cette règle. Il ne peut donc l'opposer à l'administration.

Motif d'annulation d'un redressement fiscal, les irrégularités de procédure ne sont pas si rares. Encore faut-il savoir les repérer. La jurisprudence regorge d'exemples où le contribuable a obtenu le dégrèvement d'impôts pour une absence de signature, un délai dépassé, un redressement insuffisamment motivé. Cet avantage est non négligeable, car les irrégularités peuvent être invoquées pendant toute la phase contentieuse : réclamation au directeur, requête au tribunal administratif, à la cour administrative d'appel. Tout l'art est de savoir quel est le meilleur moment pour les soulever.

Par exemple, le contrôle inopiné doit se borner à des constatations matérielles. Le vérificateur peut dresser un inventaire du matériel de l'entreprise, du stock ou du personnel, sans procéder à aucun rapprochement avec la comptabilité.

Soulever un vice de procédure ne doit pas pour autant faire négliger la contestation du redressement sur le fond, ce qui suppose une approche du dossier solide et organisée. Un redressement peut avoir été effectué à tort. Il n'est pas rare que l'administration fasse machine arrière. Le conseil qui suit la jurisprudence au jour le jour sait quelle carte il doit jouer. Il apprécie les chances de succès, l'opportunité d'éventuelles négociations. Seul, le contribuable risque de payer le prix fort.

Car le contentieux fiscal répond à un rituel bien précis. À réception d'une proposition de rectification, il est fréquent d'entendre dire : « Je vais saisir le tribunal ! » Erreur, il faut d'abord faire une réclamation au directeur, c'est la règle de la réclamation préalable devant l'administration. En l'ignorant, un contribuable verra sa requête déclarée irrecevable par le tribunal. De plus, il sera parfois trop tard pour contester la procédure, le délai de réclamation auprès du directeur étant expiré.

Mieux vaut connaître les règles pour introduire une procédure devant le tribunal et pouvoir répliquer aux mémoires de l'administration. D'abord, il faut saisir le tribunal compétent dans les deux mois de la décision de rejet de la réclamation. Mais pas n'importe lequel : le tribunal administratif pour les impôts directs (impôt sur le revenu, sur les sociétés) ou la TVA, le tribunal de grande instance pour les droits d'enregistrement. Ce partage de juridiction est historique et remonte à la Révolution. Le contribuable qui se défend seul ignore souvent cette subtilité et sa requête risque d'être irrecevable.

Devant le tribunal administratif, la procédure est essentiellement écrite, elle consiste en l'échange de mémoires. Le juge ne peut statuer *ultra petita*, autrement dit il ne peut se saisir d'un argument non avancé. En clair, si le contribuable a oublié de soulever un point clé, c'est tant pis pour lui ! La rédaction d'un bon mémoire demande beaucoup de temps, il faut lire, relire, corriger, ne pas compter les heures, ne pas distiller les arguments en se disant qu'on aura le temps d'en présenter d'autres plus tard. Un mémoire comporte d'abord l'exposé des faits, puis l'exposé des éventuelles irrégularités de procédure, puis la contestation de l'impôt réclamé. Tout cela suppose de résumer la position de l'administration, de la critiquer, avant d'exposer sa propre position en invoquant la jurisprudence favorable. L'administration critique le cas échéant les arguments présentés, puis expose les siens dans un mémoire en défense. Les parties échangent des mémoires jusqu'à ce que le tribunal estime l'affaire en état d'être jugée. Quand on connaît la technicité de la matière et la compétence des agents de l'administration, parfaitement rodés à cet exercice périlleux, l'amateurisme n'est pas de mise. Moralité : la gratuité de principe du contentieux fiscal peut se payer cher.

En appel, l'assistance d'un avocat est obligatoire depuis un décret du 24 juin 2003. Est-ce un moyen radical de réduire la contestation des jugements du tribunal administratif à ceux qui en ont les moyens ? En tout cas, cette obligation est un obstacle au libre accès du citoyen à la justice. Si le jugement de la cour administrative d'appel est défavorable, la voie de recours reste la cassation devant le Conseil d'État. Pour finir, l'affaire peut être soumise à la Cour européenne des droits de l'homme. Ce recours peut être introduit directement, sans passer par un avocat, dans le délai de six mois à compter de la décision du Conseil d'État. Mais, pour un non-spécialiste, démontrer la violation d'une disposition de la convention en matière fiscale revient à chercher une aiguille dans une botte de foin. Autant de procédures longues et coûteuses. Certes, il y a l'aide juridictionnelle, la prise en charge des honoraires d'avocat accordée aux justiciables dont les moyens ne dépassent pas un seuil de revenus fixé annuellement. Encore faut-il, surtout lorsque le dossier est complexe et l'impôt réclamé important, trouver un avocat spécialisé en droit fiscal à ce tarif-là. En pratique, c'est assez rare.

L'inégalité est donc évidente entre ceux qui ont les moyens de se défendre… et les autres. Le coût d'un avocat, surtout lorsque l'affaire est complexe, n'est pas négligeable. Sans compter que depuis le 10 juillet 1991, si le jugement lui est défavorable, le contribuable peut être condamné à régler une somme fixée forfaitairement par le tribunal au titre des frais *irrépétibles*, couvrant les honoraires d'avocats engagés par l'administration. Une barrière de plus pour dissuader un contribuable aux moyens limités. Au coût des recours exercés pour contester les redressements, se rajoute celui des actions exercées pour tenter de repousser les poursuites du service du recouvrement.

Il n'est pas admissible qu'un contribuable honnête, dont le seul tort est de ne pas pouvoir s'offrir un conseil, ait moins de chances de faire entendre ses arguments qu'un contribuable douteux mais bardé de conseils. La création d'un tribunal de contrôle fiscal chargé de fixer le montant des redressements à la suite des renseignements recueillis par le vérificateur réduirait considérablement le contentieux. Et les injustices.

Un empilage de coûteux recours

Si le vérificateur campe sur ses positions, le contribuable dispose d'une impressionnante panoplie de recours, sur le papier du moins. D'abord, un double recours hiérarchique, auprès de l'inspecteur principal puis auprès de l'interlocuteur départemental. Ces agents de grade supérieur apprécient le bien-fondé des arguments du contribuable. Mais, à moins que le contribuable ne produise des justificatifs imparables, il est parfois difficile pour eux de désavouer un vérificateur. À défaut d'obtenir satisfaction, le contribuable peut saisir la commission des impôts directs et des taxes sur le chiffre d'affaires. Composée d'un membre du tribunal administratif, de représentants de l'administration et de représentants du contribuable, elle apprécie les arguments des uns et des autres. Pour la première fois, le contribuable n'est plus seul face au vérificateur. Toutefois, la commission ne rend qu'un simple avis, que l'administration peut ou non décider de suivre.

Première étape du recours contentieux : la réclamation au directeur. À ce stade, curieusement, l'administration est toujours juge et partie, ce qui explique qu'elle s'en tient aux erreurs flagrantes du vérificateur. Ce qui est à craindre, c'est le caractère dissuasif de la réponse, le directeur des services fiscaux explique en long et en large que le redressement est maintenu. De quoi baisser les bras à la lecture de la décision, surtout quand on connaît le coût d'un contentieux.

En cas de rejet de la réclamation par l'administration, un recours peut alors être exercé devant le tribunal administratif. Le rejet de la requête est lui-même susceptible d'appel devant la cour administrative d'appel. En cas d'échec viennent le Conseil d'État puis la Cour européenne des droits de l'homme.

Sous couvert de garanties supplémentaires, la multiplicité des recours ne dissimulerait-elle pas le droit à l'arbitraire ? L'administration ne se débarrasserait-elle pas d'une tâche qui lui incomberait ? On peut se poser la question de savoir si les recours sont autant de garanties pour le contribuable ou s'ils ne masquent pas plutôt l'impuissance de l'administration à régler un litige dès le départ.

La publication des motifs des dégrèvements retenus par le tribunal serait riche d'enseignements. Peut-être s'apercevrait-on que bon nombre de litiges auraient pu être réglés dès l'origine. Tout aussi intéressant, le chiffrage du coût de ces procédures pour la société. Les différents services passent souvent de longues heures à traiter un contentieux aux frais des contribuables. À ce coût, s'ajoutent les intérêts moratoires, reversés au contribuable qui obtient gain de cause. Quand on sait qu'ils sont calculés de la date de paiement de l'impôt par le contribuable à la date du remboursement de l'impôt par l'administration et que l'affaire traîne parfois dix, voire douze ans, le calcul est vite fait. Sans compter que l'État est parfois condamné au paiement de dommages-intérêts. Alors que la tendance est à la restriction des dépenses, chiffrer le coût de ce bras de fer réserverait quelques surprises.

Pourquoi de nombreuses affaires n'obtiennent-elles

satisfaction qu'après un long parcours du combattant ? Aucun texte ne fixe de délais ni à l'administration, ni au tribunal pour rendre une décision. Alors que j'étais vérificateur, un directeur nous avait révélé : « Si les contribuables savaient qu'ils peuvent saisir le tribunal administratif en l'absence de réponse à la réclamation au directeur, nous serions totalement engorgés. » L'article R 198-10 du Livre des procédures fiscales précise en effet que « l'administration des impôts ou l'administration des douanes et droits indirects, selon le cas, statue dans le délai de six mois suivant la date de leur présentation ». Mais aucune sanction n'est prévue en cas de non-respect de ce délai. Il n'est donc pas étonnant d'être sans nouvelles d'une réclamation déposée depuis plusieurs années. Il se peut même qu'un contribuable ne reçoive jamais de réponse, la loi n'exigeant pas que l'administration réponde à une réclamation. En revanche, un contribuable qui ne respecte pas le délai de réclamation est forclos, il doit payer sans pouvoir contester.

Devant les tribunaux, les délais sont ahurissants. En épuisant tous les recours, un contribuable peut espérer être fixé sur son sort au bout d'une douzaine d'années. Autant commencer jeune. Et en bonne santé.

Heureusement, la Cour européenne des droits de l'homme sanctionne les affaires qui traînent en longueur. Elle exige que les juridictions statuent dans un « délai raisonnable ». L'administration met parfois deux ans pour présenter son mémoire en réplique à une requête devant le tribunal. C'est scandaleux. Une réponse à une réclamation devrait être exigible dans le délai de six mois, sous peine d'acceptation tacite. Il y va du respect du contribuable mais aussi de la justice.

Contrôle, répression, intimidation ?

La neutralité fiscale veut que le choix d'une vérification soit fondé sur des raisons objectives. Qui pourrait en douter à l'aube du troisième millénaire ? Instrument de justice fiscale, le contrôle fiscal a pour objet de sanctionner les fraudeurs. Mais, qui dispose de ce glaive peut être tenté de le transformer en arme… Muriel Trémeur, diplômée d'Études approfondies en droit des affaires et docteur en droit public, s'interroge[1] : « Le contrôle fiscal représentant néanmoins une arme dissuasive pour qui l'emploie, des critères subjectifs et un risque d'arbitraire ne font-ils pas parfois exception à la neutralité du contrôle fiscal ? » Elle met en garde : « Le contrôle fiscal ne doit pas devenir une arme de dissuasion pour discréditer, sanctionner ou éliminer quelque individu que ce soit. » Et conclut : « Le contrôle fiscal peut donc être utilisé pour éliminer des adversaires politiques. »

Les exemples révélés au public remontent à quelques années. Aujourd'hui, comment seraient-ils possibles ? Chaque loi de finances ajoute aux garanties des contribuables. Vigilance ! Des agissements, inimaginables aujourd'hui, peuvent se produire si nous n'y prenons garde. L'histoire en témoigne. Sous couvert de légalité, nul n'est à l'abri d'un contrôle fiscal instrumentalisé. Les tribunaux sanctionnent régulièrement les redressements opérés à tort par l'administration ou les abus commis dans le recouvrement de l'impôt. Procédures pourtant très encadrées. Curieusement, aucun garde-

1. Muriel Trémeur, *La Politique public du contrôle fiscal*, Economica, 1993.

fou n'existe pour protéger le contribuable contre une atteinte au principe de la neutralité.

Une exception ? À l'heure ou j'écris ces lignes, le Conseil d'État vient de déclarer irrégulier un contrôle au motif de l'existence d'un conflit de voisinage dans la résidence où demeurent la vérificatrice et la gérante de la société vérifiée. Les sages du Palais-Royal ont sanctionné le risque d'impartialité, considérant que l'existence d'un conflit fait naître un doute sur l'objectivité de la vérificatrice[1]. Une première qui n'écarte pas définitivement l'éventualité d'un contrôle partial.

Je propose la mise en place de garde-fous pour éviter tout risque et toute suspicion.

« Quand on s'engage dans le contrôle, on s'achemine vers la répression », avertissait Edgar Faure. Cette parole trouve tout son sens avec le contrôle fiscal. Parce qu'il pourrait porter atteinte aux libertés, mais aussi au consentement à l'impôt, le choix des cibles devrait être encadré.

Qu'on me comprenne bien, il ne s'agit pas de créer une psychose du contrôle, mais simplement d'accorder une garantie contre un éventuel arbitraire. Tant que rien ne sera fait, il y a un risque d'insécurité fiscale. Encadrer la procédure de contrôle fiscal, multiplier les garanties du contribuable est une chose, mais supprimer toute possibilité de dérive quant au choix du contrôle en est une autre.

Si le débat accroît les garanties du contribuable, il ne supprime pas les dérives possibles. Il peut même au contraire les faciliter en les rendant d'autant plus inimaginables. Pour écarter le doute sur la partialité du choix du contrôle, l'administration devrait vérifier, sans dis-

1. CE 1er décembre 2008, n° 292166, 9e et 10e s. s.

tinction, tous les contribuables d'une même catégorie. L'arbitraire, lorsqu'il touche un sujet isolé est parfois difficile à relever. Lorsque plusieurs en sont victimes, on est à la limite du scandale. Le crédit d'impôt pour les pompes à chaleur en est l'illustration récente. En 2008, de nombreux contribuables avaient fait l'objet d'un redressement concernant le crédit d'impôt pour l'installation de pompes à chaleur. L'instruction de l'administration était postérieure à la date de leur installation. Tollé général ! Bercy a fini par faire machine arrière : les redressements ont été annulés purement et simplement.

La solution qui consiste à vérifier tous les contribuables dans la même situation est certainement la plus juste. Mais elle se heurte à une impossibilité pratique, la nécessaire augmentation du nombre de vérificateurs. Il faut donc permettre au contribuable, qui s'estimerait victime du choix discrétionnaire d'un contrôle, d'exercer un recours spécifique, devant une commission composée de magistrats, de fiscalistes et d'associations de défense des libertés individuelles. Cette procédure aurait le double mérite de protéger le contribuable et de mettre fin à toute suspicion.

Beaucoup pour un seul homme

L'issue du contrôle ne dépend pas toujours des agissements du contribuable. Les irrégularités de procédure sont une occasion supplémentaire d'accroître les inégalités. Grave disparité, quand on sait qu'un vice de procédure annule les impositions réclamées. Annuler le contrôle d'un fraudeur patenté pour vice de procédure est une prime à la fraude et un manque à gagner pour le Trésor. Ces cas ne sont pas rares : les tribunaux sanctionnent régulièrement des irrégularités. Révoltant ! Autant le savoir, plus un dossier est complexe, frauduleux, plus les chances d'irrégularités de procédure se multiplient. À l'inverse, un dossier simple entaché de fautes vénielles aura peu de chances d'être annulé pour vice de forme. Des questions se posent. Un vérificateur disposant de plus de temps pour « boucler » son contrôle aurait-il commis la même erreur ? La complexité de la procédure n'est-elle pas la cause de ces irrégularités ? À moins aussi que tout ne soit pas mis en œuvre pour réduire ce risque d'injustice.

Le même risque concerne la connaissance de la profession vérifiée par les agents en charge du contrôle. Il ne s'agit nullement de mettre en cause la qualité de travail des vérificateurs qui accomplissent une mission délicate. Mais on ne peut nier qu'un agent spécialisé dans un secteur d'activité connaît mieux les procédés de fraude, les moyens de les déceler. Par la spécialisation des vérificateurs pour contrôler une profession donnée, le contrôle pourrait y gagner en temps et en efficacité.

Le vérificateur est investi des pleins pouvoirs pour mener à bien son contrôle. Coiffé de trois casquettes, on lui reproche parfois de jouer tour à tour le rôle du « gendarme » qui constate une infraction, du « procureur » qui demande l'application de la peine et du « juge » qui la prononce. Tout cela, bien sûr, sous le contrôle a posteriori du juge. Le rôle du vérificateur doit se limiter à recueillir des données techniques et formuler les critiques nécessaires. Ensuite, le dossier pourrait être transmis à un magistrat qui, le cas échéant, demanderait un complément d'instruction. Un tribunal de contrôle fiscal composé de juges, de membres de l'administration, d'experts, prendrait une décision et fixerait alors le montant des redressements et des pénalités. Le jugement serait susceptible d'appel. On peut imaginer sans peine que le contentieux serait largement réduit, les affaires ayant fait l'objet d'un filtre judiciaire.

De discrets arrangements

L'affaire Lagerfeld avait fait grand bruit. Le couturier donna l'impression d'avoir balayé d'un coup d'éventail plusieurs millions de francs, qu'il devait à Bercy. Beaucoup découvraient alors qu'il était possible de transiger avec le fisc. Prévu à l'article L 247 du Livre des procédures fiscales, cet arrangement, bien connu des fiscalistes, ne bénéficie pas d'une large publicité de la part de l'administration. Dans ce cas, les pénalités – pas les droits – sont largement revues à la baisse. Mais il n'y a aucune règle, la transaction relève du pouvoir discrétionnaire des directeurs ou du ministre après avis du comité du contentieux fiscal, ce qui explique la disparité des largesses selon les régions ou les directions concernées. Paradoxe, ce sont les contribuables qui ont le plus triché qui bénéficient des plus grosses largesses : plus l'addition est élevée, plus grande est la marge de manœuvre. L'administration y trouve son compte, puisque la transaction interdit au contribuable qui l'accepte tout recours contentieux. Sentant que l'affaire risque de mal tourner, l'administration est tentée de transiger plus facilement avec les dossiers de riches contribuables. Plus complexes, avec un risque plus important d'irrégularités de procédure, et plaidés par une pointure du barreau habituée à faire plier l'administration, ils présentent plus d'aléas qu'un dossier « ordinaire ». La transaction exige le paiement de l'impôt dans des délais très courts fixés dans la convention de transaction. Celui qui n'a pas les moyens doit y renoncer. Quant à celui dont la dette est plus importante, il n'aura souvent pas de mal à respecter ses engagements… avec l'argent qu'il a mis de côté.

Le pouvoir de transiger tel qu'il existe n'est pas compatible avec l'impôt des temps modernes, à cause de son caractère discrétionnaire, et de trop grandes disparités dans les décisions. Une procédure doit être mise en œuvre pour y remédier, assurer une certaine uniformité des transactions.

Le contrôle et l'impôt, même réforme !

Mal nécessaire, le contrôle apparaît comme un redresseur des inégalités entre l'honnête contribuable qui s'acquitte de l'impôt et celui qui s'y soustrait. Expression de l'action inquisitoriale et répressive de l'administration, le contrôle fiscal ne doit pas aller à l'encontre de l'objectif recherché, celui d'une juste répartition de l'impôt.

Mais, lorsque le contrôle accroît les inégalités, il génère ce qu'il s'efforce de combattre. Voilà le constat qui s'impose aujourd'hui. On retrouve, avec le contrôle fiscal, les mêmes perversions que celles qui gangrènent l'impôt. Une réforme pour réduire les inégalités face au contrôle fiscal devient urgente, car il faut aller plus loin que les seules garanties accordées au contribuable.

CHAPITRE 7

Fraude : deux poids, deux mesures

Il y a des domaines peu connus où n'existe aucun garde-fou contre l'arbitraire : les poursuites correctionnelles.

Parler d'injustice peut paraître paradoxal puisqu'il s'agit alors de sanctionner des fraudeurs. Mais la façon dont seront sélectionnés les neuf cents contribuables qui se retrouvent chaque année dans le collimateur de la justice est considérée par le fisc comme « Secret Défense », ce qui est assez ridicule, ou scandaleux, selon le point de vue.

Qui sont-ils exactement, pourquoi et comment les a-t-on choisis ?

Un sport national

Payer le moins possible d'impôt est assimilé avec humour à un «sport national ». Frauder est certes une activité à risques, mais le contribuable y trouve forcément son intérêt, d'autant qu'il sait évaluer les chances qu'il a d'être repéré ou non.

Pour alléger la facture, certains préfèrent utiliser les lois à leur profit plutôt que les transgresser. Un jeu pour contribuables très avertis, qui n'a, a priori, rien d'illégal. C'est l'équivalent aux États-Unis de la *Tax avoidance,* la taxe d'évitement, qui se nourrit des lois avec ingéniosité, en s'appuyant sur leurs points faibles : complexité, ambiguïté, insuffisances. Pour tenter de juguler les abus, le législateur est intervenu. Lorsqu'un montage est échafaudé avec pour seul objectif d'échapper à l'impôt, l'administration lui oppose *l'abus de droit,* une procédure redoutable qui sanctionne ces perversions du système.

Il faut dire que les textes donnant droit à des avantages sont rarement clairs, laissant une grande place à l'interprétation.

Cette fuite devant l'impôt a toujours fait partie du paysage français. Parfois, les procédés employés sont grossiers, comme la solution qui consiste à ne même pas déposer de déclaration. L'impôt étant déclaratif, c'est autant d'argent détourné au détriment de l'État qui reste dans la poche du contribuable. D'autres choisissent de minorer le résultat de leur activité. Les outils sont connus : celui qui fait du « sans facture » ; l'entrepreneur qui s'invente un sous-traitant radié du registre du commerce ou tout bonnement décédé ; le dirigeant de société qui trafique son compte courant pour détourner à son profit des sommes que la société est censée fictivement lui devoir. Technique tout aussi grossière, le dépôt de chèques de la société sur le compte bancaire du gérant ou sur celui d'un ami. Les moyens ne manquent pas, et ils font les beaux jours des vérificateurs.

D'autres donnent carrément un coup de hache… au chiffre d'affaires. En cas de contrôle, les sommes dissimulées sont redressées, avec des pénalités à la clé. Mais souvent un bon plan d'échelonnement des paiements leur permettra toujours de s'en sortir. Prévoyants, ils ont mis leurs biens à l'abri. Et avec un peu de chance et un conseil expérimenté, une erreur de procédure dans le contrôle fiscal peut carrément les tirer d'affaire.

Quand frauder le fisc est un délit pénal

En plus des sanctions pécuniaires infligées directement par l'administration, rappels d'impôts, pénalités, majorations, intérêts de retard, le code général des impôts répertorie aussi les sanctions pénales infligées par le tribunal correctionnel. Il définit même le délit de fraude fiscale. Étrange procédure à la frontière des droits fiscal et pénal. L'article 1741 du CGI punit « [...] quiconque s'est frauduleusement soustrait ou a tenté de se soustraire frauduleusement à l'établissement ou au paiement total ou partiel des impôts visés dans la présente codification, soit qu'il ait volontairement omis de faire sa déclaration dans les délais prescrits, soit qu'il ait volontairement dissimulé une part des sommes sujettes à l'impôt, soit qu'il ait organisé son insolvabilité ou mis obstacle par d'autres manœuvres au recouvrement de l'impôt, soit en agissant de toute autre manœuvre frauduleuse [...] ». En clair, le délit de fraude fiscale suppose deux éléments : un élément matériel, le non-respect de la loi, et un élément intentionnel. Le simple fait de ne pas déposer de déclarations constitue par exemple l'élément matériel. Et comme, bien sûr, nul ne peut ignorer qu'il faut en déposer une, l'élément intentionnel est réalisé. L'article 1741 ratisse large, qualifiant de « fraude fiscale » des pratiques assez courantes, comme la dissimulation, la minoration de revenus ou la fausse exonération. Les excuses seront difficiles à avancer dans tous les cas. Inutile d'invoquer l'incompétence de la secrétaire ou des difficultés de trésorerie.

L'administration toute-puissante

Dénoncer le pouvoir discrétionnaire de l'administration peut paraître excessif, tant il est vrai que des garanties importantes ont été accordées au contribuable depuis une vingtaine d'années. La saisine, en cas de litige, du conciliateur, voire du médiateur, la possibilité de questionner l'administration et d'obtenir une réponse qui lui est opposable, les multiples recours, ont contribué à réduire l'angoisse fiscale. C'est une bonne chose, mais ces « réformettes » ne touchent pas à l'essentiel : la légitimité de l'impôt. Thème délicat, indissociable de toute justice.

On connaît l'iniquité qui préside à la redistribution de l'impôt, ce qu'on ignore, c'est l'arbitraire de la répression pénale de la fraude fiscale. Pour poursuivre ou non un contribuable, l'administration dispose d'un pouvoir discrétionnaire. Certes, l'autorité judiciaire intervient au final pour prononcer la condamnation ou la relaxe du contribuable. Mais cette intervention judiciaire est pernicieuse, elle avalise ou non le choix de l'administration sans intervenir dans le processus. En droit commun, c'est le parquet qui prend l'initiative des poursuites. En matière fiscale, il est relégué au second plan. C'est l'administration qui décide de la mise en œuvre de la procédure ! Quant au parquet, il ne peut engager de poursuite sans une plainte préalable déposée par le fisc. Pourtant, la fraude est un délit pénal.

Jusqu'à la loi du 29 décembre 1977, l'administration portait plainte selon son bon vouloir. La parade sera trouvée avec la création de la Commission des infractions fiscales (CIF) chargée de filtrer les choix du ministre du Budget. Désormais, la plainte doit être déposée sur avis conforme de la commission, en application de l'article L228 du Livre des procédures fiscales. Mais cette loi de 1977 n'est qu'un trompe-l'œil, puisque la commission intervient après que l'administration a fait son choix à huis clos. Toutefois, il reste un pouvoir discrétionnaire à l'administration fiscale qui, par le jeu d'un dispositif très discret, peut faire échapper à la répression pénale qui bon lui semble. Droit régalien, incompatible avec l'impôt des temps modernes.

Composée de douze membres, conseillers d'État et conseillers à la Cour des comptes, la commission rend un simple avis, qui n'a pas besoin d'être motivé. Le contribuable mis en cause n'a pas accès au dossier établi par l'administration. On l'autorise juste à adresser ses observations écrites à la commission dans un délai de trente jours. Cette dernière va ensuite statuer en dehors de sa présence. En réalité, la CIF est une façade, qui permet, si besoin était, au ministre interrogé sur l'arbitraire des poursuites fiscales de répondre que l'administration ne décide pas seule… En réalité, le fisc choisit, la CIF entérine. Seuls 3 % des affaires proposées par le fisc ne sont pas retenus par la CIF. Les dossiers présentés sont triés et soigneusement ficelés, un dossier complexe peut-être écarté au profit d'un dossier sûr : l'administration soigne sa crédibilité. Ses choix sont censés être bien inspirés puisque la CIF suit quasiment toujours ses propositions ! Il est facile, il est vrai, de présenter 1 000 dossiers sur les quelque 50 000 contrôles effectués chaque année. Surtout quand on sait que tout manquement aux obligations fiscales peut donner lieu à poursuites pénales, au même titre qu'une escroquerie gigantesque : le délit de fraude fiscale guette « tout contribuable qui s'est soustrait sciemment à l'impôt ». C'est large…

Derrière les chiffres…

Qu'y a-t-il derrière les statistiques ? En matière de poursuites pénales, elles sont le résultat de critères assez éloignés de la justice fiscale.

Chaque direction propose un éventail de dossiers susceptibles de donner lieu à des poursuites. Le nombre de dépôts de plaintes[1] est quasi constant, ce qui explique que certaines années un contribuable se retrouve en correctionnelle pour un délit qui n'attirerait pas l'attention l'année suivante. En fait, l'administration est « le juge de l'opportunité des poursuites ». On peut dès lors s'interroger sur le respect du principe de la séparation des pouvoirs.

Si les statistiques rendent compte de l'efficacité du fisc à poursuivre la fraude, le nombre d'affaires ayant donné lieu à des sanctions pénales fait illusion. Un commerçant qui a déclaré à la TVA un montant inférieur à celui indiqué sur sa déclaration de bénéfices peut fort bien être poursuivi. Qu'importe si cette fraude n'a pas été dissimulée, si un simple examen des déclarations suffit à le déceler, si le manque à gagner est relativement peu important ou si le contribuable n'a pas utilisé des

1. Propositions de poursuites à la CIF : 1 030 en 2006 ; 1 143 en 2007 ; 1 029 en 2008 (Sources : DGFiP, rapport annuel 2008).

moyens sophistiqués pour échapper à l'impôt. Ces « fraudeurs », qui n'ont rien à voir avec le grand banditisme fiscal, gonflent les statistiques. Ils s'en tirent avec une amende et quelques mois d'emprisonnement avec sursis. Mais les statistiques ne font pas la distinction entre celui qui risque tout, établit de fausses factures, verse des commissions à des fournisseurs virtuels ou s'invente des sous-traitants, et les autres fraudeurs. D'ailleurs une minorité de contribuables sont condamnés à des peines de prison ferme.

Justice à deux vitesses

Qu'on ne s'y trompe pas, en ayant le pouvoir discrétionnaire de saisir ou non la fameuse CIF, le ministre peut envoyer à l'échafaud qui il veut ou, au contraire, soustraire aux poursuites pénales qui bon lui semble. Selon que vous serez puissant ou misérable… Il y a deux poids, deux mesures.

Les dossiers sont traités « en famille », à l'abri des bureaux. Une zone d'ombre d'autant mieux préservée que les contrôles fiscaux, à l'origine des poursuites correctionnelles, sont rarement médiatisés. Le secret professionnel protège le contribuable, certes, mais aussi l'administration. Nul ne doit savoir quand un contrôle fiscal est déclenché, ni comment il se termine. Une protection légitime, dès lors que l'impôt jouxte la vie privée. Mais ce secret permet aussi de passer sous silence les suites données à un dossier. Personne ne contrôle le choix du roi, pas même la Cour des comptes. C'est dire ! Autant elle peut exiger des explications de l'administration sur le recouvrement de l'impôt, autant elle n'a aucun droit de regard sur le choix du contribuable que le fisc entend poursuivre pénalement.

Un arbitraire encore plus grave quand on connaît les suites d'une condamnation pour fraude fiscale, qui peut devenir une véritable mort civile. Ceux qui sont épargnés ne savent pas vraiment à quoi ils échappent. Outre les sanctions fiscales, la fraude est réprimée pénalement. En cas de récidive dans les cinq ans, les peines maximum sont portées à une amende de 100 000 euros et dix ans d'emprisonnement. De quoi réfléchir... du moins en théorie.

À tout cela s'ajoutent les peines accessoires, comme la publication du jugement au *Journal officiel* et souvent dans la presse. Après la honte, l'humiliation : la condamnation est affichée pendant trois mois sur la porte de l'établissement professionnel (?) et sur le panneau d'affichage des publications de la mairie du domicile. Après l'humiliation, la mise au ban de la société : le tribunal peut aussi prendre diverses interdictions allant de la suspension du permis de conduire pendant trois ans à la radiation des listes électorales. Pour être complet, il faut encore mentionner l'interdiction d'exercer toute profession industrielle, commerciale ou libérale ! Sans compter qu'une condamnation peut avoir de graves conséquences sur la vie privée. Estocade finale, l'administration se porte partie civile au procès pénal, un biais pour accéder au dossier à tous les stades de la procédure mais, surtout, pour demander au tribunal de prononcer la condamnation au paiement solidaire de l'impôt par le redevable légal de l'impôt fraudé.

Pour un contribuable très aisé ou un notable, la publicité faite autour des poursuites correctionnelles est profondément dommageable. Mais il faut savoir qu'il est possible de stopper la procédure avant son terme fatal :

même si les sommes en jeu sont colossales, rien n'empêche l'administration de proposer une transaction, convention par laquelle elle s'engage à réduire les pénalités. En contrepartie, le contribuable renonce à tout recours et s'engage à payer dans les meilleurs délais. Si aucun texte ne précise qu'une transaction fiscale entrave la mise en œuvre de l'action pénale, l'administration serait toutefois malvenue de demander l'application de sanctions pénales tout en faisant preuve de bienveillance sur les pénalités. De là à dire que la transaction procure une immunité...

Un vice de procédure ou une prescription permettent également de classer l'affaire avant son terme, en toute discrétion. On retrouve là la même faille que celle inhérente aux contrôles fiscaux. Il est pourtant possible de réduire les vices de procédure. Les erreurs de procédure commises dans des dossiers frauduleux ont un coût pour la société. Des mois de travail accomplis par plusieurs fonctionnaires sont réduits à néant. À cette perte, s'ajoute le montant des impôts qui ne sera jamais récupéré. Par-dessus tout, il n'est pas juste que certains contribuables puissent ainsi échapper aux poursuites. Ces irrégularités de procédure portent atteinte à l'égalité des citoyens, d'autant que les irrégularités commises par l'administration auraient parfois pu être évitées.

Quand les dés sont pipés

L'administration a donc peaufiné son accusation. Le dossier est ficelé : il est facile de mettre bout à bout des éléments favorables et d'occulter les autres. Le juge se retrouve avec pour seules pièces la note de l'administration et le rapport sur la vérification de comptabilité. Comme il n'est pas spécialisé en droit fiscal, le tribunal a parfois tendance à prendre les griefs de l'administration pour argent comptant. Le présumé coupable, de son côté, a très peu de temps pour expliquer à la barre les subtilités des textes et les circonstances, bref pour se défendre tout simplement. Implacable, le droit fiscal construit une vérité, en écartant le doute qui dérange. Les juges sont des fonctionnaires, qui jugent un différend entre l'administration et un contribuable.

Tout se complique lorsque des connexions interfèrent. Question récurrente posée par Capital : « Peut-on à la fois être juge et franc-maçon, et prendre le risque d'être tiraillé entre deux loyautés ? Un “frère” magistrat prête serment deux fois : d'abord devant la justice, ensuite devant son obédience[1]. »

La France est un des rares pays à avoir deux ordres de juridiction, administrative et judiciaire. Le fraudeur, poursuivi au pénal, peut contester en parallèle son imposition devant un tribunal administratif. Le juge pénal n'est pas lié par le juge fiscal et inversement. Un contribuable peut avoir fait l'objet d'une condamnation pour fraude fiscale, voire être emprisonné… alors qu'il ne devait rien. Il faut donc modifier les lois pénale et fiscale pour que l'administration suspende la plainte jusqu'à ce que le juge de l'impôt se soit prononcé sur le bien-fondé des impositions mises à la charge des contribuables.

1. *Capital*, mai 2002.

En finir avec l'arbitraire

N'y aurait-il en France que 900 fraudeurs, dont une minorité de gros fraudeurs condamnés à une peine d'emprisonnement ferme ? La preuve est ainsi apportée que la fraude est un phénomène mineur parfaitement jugulé. L'État feint de la pourchasser à l'aide d'un arsenal hautement répressif, mais en réalité, les pénalités exorbitantes permettent de négocier, les peines appliquées se résument à une amende ou à une peine d'emprisonnement avec sursis, sans commune mesure avec l'impôt fraudé. Chacun y trouve son compte, c'est le « paradoxe fiscal » : encore une exception. Indulgence pour certains, répression sans faille pour d'autres, la répression pénale ressemble à une loterie. Tant que ce système perdurera, il n'y aura pas de justice fiscale, quand bien même l'impôt serait plus juste.

Si la fraude est un délit, elle doit être punie. Mais de façon juste ! Il n'est plus tolérable que l'administration ait l'initiative des poursuites pénales, qu'elle décide seule du sort pénal d'un contribuable. Si ce système perdure, me confiait un fonctionnaire haut placé, l'administration pourrait un jour avoir « moins bonne presse que le fraudeur qu'elle est censée sanctionner ».

Pour ôter tout risque d'arbitraire, une plainte doit être systématiquement déposée par l'administration fiscale lorsque l'impôt excède un certain seuil fixé par une commission composée de magistrats, de membres de l'administration fiscale et de représentants des professionnels. Tant que le risque subsistera, il ne sera pas question de justice fiscale. Même si l'on nous assurait que personne n'échappe aux poursuites correctionnelles, la procédure, telle qu'elle existe aujourd'hui, sans aucun garde-fou, laisserait subsister un doute dans l'esprit du contribuable. Il n'est pas bon de faire perdurer une faille, qui entache gravement le consentement à l'impôt.

De notre détermination dépendra l'héritage fiscal que nous léguerons à nos enfants.

CHAPITRE 8

Au pays de l'inquisition fiscale

« Les contrôleurs de l'administration fiscale seraient-ils des Torquemada, prêts à tout pour convertir les redevables aux vertus de l'impôt ? On peut le croire, tant notre administration a de points communs avec la Sainte Inquisition[1]. » Cette boutade d'un journaliste spécialisé est une comparaison inquiétante… On n'est pourtant plus au Moyen Âge !

Nul ne reprochera à l'administration de disposer de moyens colossaux pour lutter contre la fraude. S'il paye trop, c'est que le contribuable ouvre son portefeuille à la place du fraudeur. Implacable postulat et porte ouverte à un arsenal de méthodes d'investigation qui fait de chaque contribuable un homme en liberté surveillée. De la déclaration de soupçon des banquiers qui surveillent et éventuellement dénoncent les opérations de leurs clients, à l'avis à tiers détenteur pour saisir un salaire ou bloquer un compte bancaire, en passant par les échanges d'informations entre les différentes administrations, les demandes de renseignements adressées en douce aux clients, l'utilisation du numéro de Sécu-

1. « Comment le fisc vous flique », *Mieux vivre votre argent*, octobre 2008.

rité sociale, les perquisitions au petit matin, et, dernier moyen en date, issu de la loi de finances pour 2009, le droit de consulter les données des opérateurs sur Internet, tous les moyens sont bons pour traquer le contribuable, fraudeur potentiel.

Mais, ces procédures attentatoires aux libertés sont-elles toujours justifiées ? Ne donnent-elles pas lieu à des dérapages ? Le prix à payer justifie-t-il les résultats obtenus ? Visite guidée dans l'univers de l'emprise fiscale

Jamais sans mon fisc

L'impôt est partout. Il se cache où on ne l'attend pas. De la naissance à la mort, il nous suit, nous poursuit, veut tout savoir ! Dès la naissance, il octroie généreusement une demi-part mais se rattrape sur la TVA des couches-culottes et des petits pots. À la majorité, il se rappelle à nous pour la première déclaration de revenus. Puis, vient la question de savoir s'il est fiscalement préférable de se marier, de se pacser ou de vivre en concubinage. À chaque étape de la vie, il peut orienter nos choix. Il vaut mieux se marier en juillet, faire un enfant en décembre, se mettre en concubinage le 2 janvier, attendre quinze ans pour vendre son logement, huit ans pour céder ses capitaux mobiliers, trois ans ou dix ans pour être hors d'atteinte du fisc… Et quand vient le moment de partir pour de bon, il se rappelle à nos héritiers. Quel acte de notre vie n'est pas taxé ? Les plus malins engagent des conseillers fiscaux pour leur assurer une protection rapprochée. Ils vivent en marge, n'ont ni patrimoine immobilier, ni compte bancaire, ni assurance-vie, ni adresse fixe, ni voiture. Leur argent est ailleurs. Le logement est au nom de leur épouse et le mobilier appartient à leurs enfants. Les résidences secondaires sont logées dans une SCI dans laquelle ils n'apparaissent pas. Et s'il le faut vraiment, ils n'hésitent pas à tout quitter pour aller vivre cent quatre-vingt-trois jours par an à l'étranger !

De tout temps, le contribuable a pactisé avec l'impôt. Sous l'Empire romain, le tribut est dû sans discussion pour financer les dépenses de guerre. Au Moyen Âge, il faut payer au seigneur le prix fort pour se réserver une place derrière les remparts avec femmes, enfants et bétail en cas d'alerte, pour être protégé par des milices dans des ruelles malfamées et bénéficier de la justice. Puis, l'impôt devient un échange : le droit de vote est attribué à celui qui paye le cens. Enfin, l'impôt moderne n'est plus payé en contrepartie d'un service rendu par l'État, mais pour accomplir un devoir civique de solidarité. Il participe à la redistribution des richesses en fonction de la capacité de chacun. Aujourd'hui, les objectifs de l'impôt sont obscurs : le contribuable attend tout de lui – écoles, hôpitaux, autoroutes, armée… En contrepartie, rien ne doit échapper au fisc.

Une investigation totale

Petite mise en bouche : l'examen des comptes bancaires privés. Il est la base de l'examen contradictoire de situation fiscale privée (ESFP), le contrôle personnel.

Le vérificateur a presque tous les droits, comme celui de demander au contribuable communication de ses relevés bancaires privés, ses livrets d'épargne et ceux de son conjoint et des personnes à sa charge. Certes, le code ne fait aucune obligation d'obtempérer, il prend soin de préciser que l'ESFP n'est pas une procédure contraignante. Mais en cas de refus, ou si les relevés bancaires n'ont pas été présentés dans le délai de soixante jours à compter de la réception de l'avis de vérification, l'administration n'est pas démunie. Dans ce cas, elle dispose d'un droit de communication qui l'autorise à demander aux organismes financiers, outre les copies des relevés de comptes et les copies de chèques, des bordereaux de remise de chèques, les dossiers de prêts et les fiches de procuration. Tenus d'obtempérer, ces organismes doivent communiquer les documents, sans pouvoir opposer de réticence.

Avant même le contrôle, le vérificateur connaît déjà l'intitulé des comptes bancaires du contribuable. Renseignements qui lui sont communiqués par le FICOBA. Géré par la Banque de France, ce fichier national des comptes bancaires enregistre plus de 80 millions de personnes ayant en France un compte bancaire, postal, ou d'épargne. Il recense l'intitulé des comptes, non seulement ceux du contribuable, mais aussi ceux des membres de sa famille vivant sous son toit (conjoint, personnes à charge). En clair, le fisc connaît automatiquement les comptes dont chacun est titulaire, en France du moins. Un tel outil n'a pas manqué d'attirer la convoitise. Longtemps seuls à avoir accès à cette manne, les agents du fisc la partagent aujourd'hui avec les agents de la direction générale de la concurrence, de la consommation et de la répression des fraudes, les autorités judiciaires ou les huissiers de justice, qui peuvent y puiser, sans se voir opposer le secret professionnel. C'est dire le succès du FICOBA.

Même s'il ne procède pas à un examen de situation fiscale privée, le fisc a le droit d'interroger la banque. À la suite d'un décès, il peut obtenir des établissements les relevés de compte du défunt et réintégrer les sommes non déclarées dans le montant de la succession taxable. Alors qu'une instruction administrative[1] précise que « les demandes de relevés de comptes et de copies de chèques adressées aux banques doivent être limitées aux seuls cas pour lesquels les contribuables ou les héritiers, préalablement interrogés, n'auraient pas satisfait à la demande du service », la Cour de cassation a jugé que cette instruction est une recommandation faite aux agents, pas une obligation. Les relevés et copies des chèques peuvent donc être obtenus directement auprès des banques par l'administration, sans qu'elle les ait au préalable demandés aux héritiers. De quoi se retourner dans sa tombe.

L'examen des comptes bancaires est riche d'enseignements. Le contrôleur décèle souvent des ventes non déclarées, des sommes que le contribuable a bien du mal à justifier… Pris la main dans le sac, le contribuable ne peut justifier les versements régulièrement déposés sur son compte. Bien sûr, pour s'en sortir, il invoquera la kyrielle des parades bien connues du service : le remboursement d'un prêt accordé à un ami, la vente de meubles, le gain au loto, les économies et même la générosité de la vieille tante… L'absence ou l'insuffisance de retraits d'espèces permet de conclure parfois au défaut de déclaration de recettes professionnelles en espèces. Rares sont les contribuables qui ignorent encore qu'en cas de contrôle, les relevés bancaires sont passés au peigne fin. Seuls se font prendre ceux qui sont vérifiés pour la première fois, les étourdis ou les naïfs. Quant au vrai fraudeur, il ne prendra pas le risque de

1. 18 mars 1998 BOI 13K-2-88.

déposer sur son compte les sommes qu'il entend soustraire au fisc. Pour lui, tout est off shore. Présenter les relevés bancaires est alors une simple formalité à laquelle il se soumet bien volontiers. Propriétaire de rien, juste de son téléphone portable – qu'il utilise avec discrétion ! –, il ne risque pas d'être taxé sur les signes extérieurs de richesse.

Le temps de la suspicion

Un « soupçon » de fraude… Quelle élégance ! Surtout pour un dispositif qui fait de certains organismes ou professions des dénonciateurs du fisc. Créé par le décret du 9 mai 1990, Tracfin, la cellule de Traitement du renseignement et action contre les circuits financiers clandestins rattachée à la fois aux ministres de l'Économie et du Budget, recueille les *déclarations de soupçon.* La délation remise au goût du jour, sous couvert de civisme. L'information concerne les fonds susceptibles de provenir du trafic de stupéfiants, de la corruption et même de la fraude fiscale. Le financement du terrorisme est également visé. Inutile de compter sur l'anonymat pour passer inaperçu. Il n'en a que le nom. Les établissements financiers doivent tenir un registre sur lequel est mentionné le nom du souscripteur de bons anonymes. La cellule Tracfin y a accès.

Gare aux banquiers qui ne signaleraient pas les opérations douteuses ! En 2008, près de 80 % des déclarations provenaient des banques. Il est plutôt gênant de savoir que derrière le banquier ou l'assureur qui vous accueille avec une poignée de main rassurante, se cache un dénonciateur potentiel. Au fil du temps, le club s'est agrandi : directeurs de casino, PMU, notaires, commissaires-priseurs, experts-comptables, huissiers de justice, administrateurs et mandataires judiciaires sont venus compléter la liste des délateurs virtuels. À ce rythme, l'épicier ambulant du village qui dépanne les vieilles dames en leur remettant quelques espèces contre un chèque, pourrait bien être soupçonné. Difficile, en ces temps de suspicion, de trouver un confident… Que faire ? Acheter une pierre, un meuble et se confier à eux ? C'est déconseillé : les personnes organisant la vente de pierres précieuses, d'antiquités et d'œuvres d'art n'échappent pas au pouvoir de Tracfin. Même les avocats doivent maintenant faire une déclaration de soupçons, mais de manière encadrée et limitée. En 2008, Tracfin a reçu 14 565 déclarations[1] de soupçons dont l'essentiel provient des banques, changeurs manuels, compagnies d'assurances, et enfin des notaires.

Si Tracfin doit se soulager de ces soupçons auprès du procureur de la République, toutes les déclarations ne donnent pas lieu à une intervention de l'autorité judiciaire. En 2008, sur 14 028 transmissions à Tracfin, 359 seulement ont atterri sur le bureau du procureur de la République.

Au départ, il s'agissait de lutter contre le blanchiment des capitaux provenant du trafic de drogue ou d'activités criminelles. À partir de 2001, la lutte s'est étendue au financement du terrorisme. Enfin, depuis 2009, le rôle de Tracfin s'est élargi à la fraude et l'évasion fiscales.

L'extension des pouvoirs de Tracfin pose avec plus

1. Rapport d'activité 2008, Tracfin : 11 511 déclarations proviennent des banques, 1 467 de changeurs manuels, 703 de compagnies d'assurances, 347 de notaires.

d'acuité la question de son contrôle par un magistrat. Le libre choix de transmettre ou non des informations par un organisme dépendant du ministère des Finances à un organisme dépendant du ministère de la Justice est pour le moins étonnant : il est à rapprocher du pouvoir discrétionnaire du ministre en matière de poursuites. Chaque fois qu'il est possible de mettre des garde-fous pour écarter tout risque de suspicion d'arbitraire, le consentement à l'impôt se trouve renforcé. Qu'on me comprenne bien, il ne s'agit pas de réduire les pouvoirs de l'administration pour éradiquer la fraude, mais de donner un autre visage à l'impôt des temps modernes.

Des réseaux partout

L'heure est à la communication. En ce domaine, le fisc n'a de leçon à recevoir de personne ! Il peut glaner ses pièces à conviction un peu partout. C'est *le droit de communication* régi par l'article L 81 du Livre des procédures fiscales, qui « permet aux agents de l'administration, pour l'établissement de l'assiette et le contrôle des impôts, d'avoir connaissance des documents et des renseignements mentionnés aux articles du présent chapitre dans les conditions qui y sont précisées ». Véritable sésame, il ouvre presque toutes les portes. Alors qu'ils sont soumis au secret professionnel à l'égard des tiers, les agents de l'administration peuvent obtenir des renseignements auprès des professions libérales, agricoles ou commerciales. Gare aux récalcitrants, qui encourent une amende de 1 500 euros. Seules les professions médicales ou paramédicales y échappent. Ce droit s'exerce par écrit, avec l'envoi d'une demande de renseignements, ou sur place, à travers la réception d'un avis de passage. Les entreprises doivent présenter tous les documents demandés.

Quant aux particuliers, ils n'ont nulle obligation de répondre aux demandes qui leur sont adressées par le service. D'ailleurs, pour parer à toute irrégularité, le service prend soin d'indiquer dans la demande de renseignements : « Cette requête ne revêt pas de caractère contraignant. » Phrase ambiguë. Il serait plus simple, mais certainement moins efficace de préciser : « Vous n'avez pas l'obligation de répondre. » À l'insu du contribuable, avant ou pendant un contrôle, le fisc peut aussi se lancer dans une véritable chasse au trésor, en s'adressant aux agences de voyage, transport, assureurs, agents immobiliers, etc. Depuis mars 2004, les assureurs n'ont plus l'obligation de déclarer chaque année au fisc l'identité des souscripteurs de contrats supérieurs à 15 000 euros. Mais l'administration peut fort bien se faire communiquer les contrats d'assurance au coup par coup. En cas de décès, l'assureur doit informer l'administration des polices d'assurances concernant les bijoux, objets d'art et autres collections. Il doit aussi signaler les contrats d'assurances-vie, indiquer l'identité du défunt, du bénéficiaire et le montant concerné. Les administrations, les entreprises publiques, la Sécurité sociale, l'assurance-chômage doivent, elles aussi, fournir au fisc les documents demandés.

Enfin, l'administration exerce aussi ce droit auprès des tribunaux. L'article L82C du Livre des procédures fiscales précise que *« dans toutes instances devant les juridictions civiles ou criminelles, le ministère public peut donner communication des dossiers à l'administration fiscale »*. À cette communication facultative, s'ajoute l'obligation pour l'autorité judiciaire de transmettre toute information permettant de présumer une fraude fiscale prévue par l'article 101 du LPF : « L'autorité judiciaire doit communiquer à l'administration des finances toute indication qu'elle peut recueillir, de nature à faire présumer une fraude commise en matière fiscale ou une manœuvre quelconque ayant eu pour objet ou ayant eu pour résultat de frauder ou de compromettre un impôt. » En clair, quelle que soit l'issue d'une procédure dans laquelle une fraude fiscale est présumée, même en cas de relaxe, le juge doit informer le fisc. Il a accès aux pièces de l'instruction, ce qui lui permet d'opposer au contribuable les réponses faites au cours de l'interrogatoire. Les déclarations ainsi contenues dans un procès-verbal sont opposables au déclarant. Si, pour s'en sortir, ce dernier avance au cours de l'interrogatoire que ses revenus proviennent de la vente habituelle de meubles détenus à titre personnel, cette simple réponse est un aveu fiscal. Il lui vaudra une taxation d'office des bénéfices industriels et commerciaux non déclarés, sur dix années en arrière. Ne nous leurrons pas, le fisc opère ainsi des redressements qu'il n'aurait pas lui-même mis au jour. Le travail mâché, il ne reste plus qu'à le transformer… en impôt. C'est cette filière qui alimente d'ailleurs très souvent les grosses affaires du fisc.

À charge de revanche, si l'autorité judiciaire doit dénoncer des irrégularités fiscales à l'administration, celle-ci doit dénoncer au procureur de la République les faits passibles de poursuites pénales. Le fisc devient alors un auxiliaire de justice très efficace.

Le fisc se sert sans demander

Alors qu'un contribuable va retirer de l'argent, le banquier l'informe que ses comptes sont bloqués. Inutile de chercher plus loin, le fisc a émis un avis à tiers détenteur (ATD) à l'ordre de sa banque, qui doit lui reverser les sommes en compte à concurrence de la créance fiscale. Une procédure bien rodée qui existe depuis 1808 et qui touche bon nombre de contribuables chaque année. Le service du recouvrement notifie l'avis à la banque, ce qui a pour effet de faire tomber dans l'escarcelle du Trésor les fonds détenus par son client à concurrence de la créance fiscale. Procédure exorbitante et humiliante, l'avis à tiers détenteur porte atteinte à l'honorabilité du contribuable. Le tiers saisi ne connaît rien du litige, il ignore que le contribuable est peut-être poursuivi à tort.

Avec l'avis à tiers détenteur, le fisc se sert directement à la source. En droit commun, un créancier peut lancer un avis à tiers détenteur contre son débiteur pour obtenir le paiement d'une somme due, uniquement s'il dispose d'un jugement en sa faveur. Le droit fiscal est plus direct. Rien n'est excessif pour faire rentrer l'argent dans les caisses de l'État. Même pas les abus parfois commis par le service du recouvrement qui n'hésite pas à réclamer l'impôt illégalement alors qu'il ne dispose pas d'un titre exécutoire (avis de mise en recouvrement, jugement). Pourtant, la Charte du contribuable précise bien : « Chacun doit payer ce qu'il doit mais pas plus. » Autant en emporte le fisc…

Bien que banalisé au sein de l'administration fiscale, l'ATD reste un acte grave. Il atteint directement le contribuable dans son patrimoine, son emploi, son activité professionnelle et sa vie privée et porte atteinte à sa réputation. Certes, cette mesure vise généralement des contribuables mauvais payeurs qui ne réagissent que sous la menace. Dans ce cas, il est évidemment normal que l'administration ait à sa disposition un moyen de leur « faire rendre gorge ». Si l'administration commet un abus, il sera réparé. Encore faut-il s'en apercevoir et penser à saisir le juge de l'exécution. Sans compter l'incertitude liée à toute procédure judiciaire.

Il est donc nécessaire de créer, au sein de chaque direction, une équipe chargée de contrôler le bien-fondé des ATD dans des délais brefs. Des statistiques réalisées auprès de chaque service du recouvrement, concernant les poursuites diligentées à tort, pourraient être établies. Aujourd'hui, les statistiques publiées sous le titre pompeux de rapport des performances de la DGI concernent les impôts recouvrés. Or, l'efficacité d'une administration moderne doit aussi se mesurer au respect qu'elle a pour le contribuable. Derrière les « commandements de payer sous huit jours, sous peine d'ouverture des portes », il y a un homme. Le service du recouvrement l'oublie trop souvent, sacrifiant les rentrées d'impôts à l'humain.

Contrôle à l'improviste

Un contrôle de comptabilité est précédé d'un avis de vérification, adressé généralement une quinzaine de jours à l'avance. Pire, il existe aussi le contrôle inopiné, procédure exceptionnelle utilisée par le fisc lorsqu'il craint que le contribuable ne profite du délai pour faire disparaître des preuves. Le vérificateur tient de l'article

L 247 du livre des procédures fiscales le droit, préalablement à la vérification de comptabilité, de procéder à des constatations purement matérielles. Par exemple, le contrôle des prix pratiqués, effectué à l'improviste, est redoutable. Il permet de connaître la marge bénéficiaire (différence entre le prix d'achat et le prix de vente), mais aussi de déceler des achats sans factures. Contrairement à la procédure de vérification classique annoncée par un avis de vérification adressé à l'avance, l'avis est remis au début de la visite « surprise ». À l'issue de l'intervention, un procès-verbal contradictoire est dressé. Le Conseil d'État avait condamné ce type d'intervention, en se fondant sur l'absence de délai entre l'intervention et la faculté pour le contribuable de faire appel à un conseil. Mais la loi a balayé cette décision.

Sous l'impulsion de l'Europe, et depuis 1993, date à laquelle les contrôles douaniers ont été remplacés par des déclarations, les agents de la Direction générale des impôts disposent du *droit d'enquête.* Prévues par l'article L 47 du Livre des procédures fiscales, l'administration multiplie ce type d'interventions, qui l'autorisent à faire irruption dans l'entreprise sans mandat judiciaire. Même si les agents doivent se limiter au contrôle des règles de facturation, cette procédure reste un bon moyen de « repérage » pour un éventuel contrôle.

Exercé à l'improviste, ce droit s'exerce pendant le temps de l'activité professionnelle. Seuls les locaux, les entrepôts, les terrains d'exploitation et les moyens de transport peuvent être visités. Contrairement au « droit de visite et de saisie », en aucun cas les agents ne peuvent visiter les lieux d'habitation. Lors de la première intervention, un « avis d'enquête » est remis au chef d'entreprise ou, en son absence, à la personne présente sur les lieux. Les agents du fisc ne réquisitionnent rien, mais peuvent se faire présenter les factures, les livres comptables, les documents professionnels (bons de commande, correspondance commerciale) ou la comptabilité. Leur objectif ? Rechercher les manquements aux règles de facturation que doivent respecter les assujettis à la TVA. Un procès-verbal est établi dans les trente jours qui suivent la dernière intervention sur place ou la dernière convocation. Avec ce nouveau pouvoir exorbitant de l'administration s'est posée la question de la limite entre le droit d'enquête et la vérification de comptabilité. Certains y voyaient une vérification à peine voilée. La limite est subtile, le droit d'enquête consiste à recueillir des renseignements. Pas à procéder à des redressements. Mais les renseignements peuvent par la suite être exploités dans le cadre d'une vérification de comptabilité. Là encore, le juge doit veiller à ce que cette procédure ne dérape pas.

Perquisitions : la porte ouverte à l'inquisition

Près de trois cents perquisitions fiscales ont lieu chaque année en France. Sous l'Ancien Régime et pendant la Révolution, les perquisitions étaient autorisées pour les immigrés, les suspects et les prêtres réfractaires. Il n'y a pas si longtemps, le fisc opérait, camouflé derrière l'ordonnance n° 45-1484 du 30 juin 1945 qui visait à réprimer les délits sur les prix et les impôts indirects. L'administration, qui ne pouvait rien saisir directement, utilisait alors son droit de communication des documents auprès des autorités ayant effectué les perquisitions. Jusqu'au jour où il fut démontré que certaines perquisitions étaient effectuées à des fins purement fiscales. Ces détournements de procédure, durement sanctionnés par les tribunaux, obligèrent le législateur à revoir sa copie. Depuis la loi de finances pour 1985, les agents de la Direction générale des impôts sont autorisés à exercer un *droit de visite et de saisie* pour rechercher des infractions en matière d'impôts directs et de TVA. Appréciez l'élégance de la formulation : le terme de « perquisition » ferait désordre dans notre belle vitrine démocratique. Ce droit, parce qu'il porte atteinte aux libertés individuelles, doit être encadré par des garanties suffisantes tout au long de la procédure.

Ce droit redoutable permet aux agents du fisc de se rendre à l'improviste en tout lieu, même au domicile du contribuable, pour saisir des documents et rapporter la preuve d'agissements frauduleux. Avalisée par un juge, la visite est effectuée entre 6 heures et 21 heures. Les agents des impôts sont accompagnés par un officier de police judiciaire. Là encore, comme pour les poursuites pénales, c'est l'administration fiscale qui prend l'initiative de la perquisition. Certes, chaque visite doit être autorisée par une ordonnance du tribunal de grande instance. Mais le juge a-t-il le temps, en cette matière particulièrement technique, d'apprécier les volumineuses informations fournies par le fisc ? Il suffit parfois, en pratique, de « présenter » un contribuable comme un fraudeur pour obtenir la fameuse autorisation.

Jusqu'alors, l'ordonnance autorisant l'administration à procéder au droit de visite et de saisie pouvait uniquement faire l'objet d'un pourvoi en cassation, à l'exclusion de toute autre voie de recours. Jusqu'au jour où, en 2008[1], la Cour européenne des droits de l'homme a

1. Arrêt Ravon du 21 février 2008.

relevé qu'aux termes de l'article 8-1 de la Convention, « toute personne a droit au respect de sa vie privée et familiale, de son domicile, de sa correspondance » et jugé que les recours ouverts aux contribuables pour contester les visites domiciliaires ne garantissaient pas l'accès à un procès équitable. Coup de tonnerre en France, d'autant que d'autres procédures étaient concernées : droit de la concurrence, contributions indirectes, infractions douanières, etc. Désormais, avant le recours en cassation, un premier recours devant le premier président de la cour d'appel a été mis en place. Il peut annuler l'ordonnance prise par le tribunal de grande instance, entraînant ainsi l'annulation des opérations de saisies et l'interdiction pour le fisc d'opposer au contribuable les renseignements recueillis à cette occasion.

Une perquisition est un viol. Or le contrôle judiciaire apparaît purement formel : il suffit souvent que l'administration ficelle une demande, pour emporter l'aval du juge. Tout doit être mis en œuvre pour qu'une perquisition au domicile d'une personne soit l'ultime recours. Il vaut mieux laisser filer un fraudeur que de perquisitionner, en le traumatisant, un foyer sans histoire. L'administration a réalisé ces dernières années de vrais efforts pour améliorer ses relations avec le contribuable et le protéger contre l'insécurité juridique. Mais l'envers du décor est parfois tout autre. Bien sûr, quand il s'agit de réclamer pour une part oubliée, de connaître les conditions pour bénéficier d'un crédit d'impôt ou d'obtenir un dégrèvement pour une imposition infondée, les choses ont bien changé et l'administration sait souvent se rendre disponible. Mais s'il s'agit de procédures graves, concernant les libertés fondamentales, il faut être vigilant. Heureusement, la Cour européenne des droits de l'homme n'est pas dupe.

De la Sécu… à Internet

Le fisc avait besoin d'une arme moderne, il l'a obtenue. L'administration fiscale a été autorisée en décembre 1998 à utiliser le fameux NIR, ou numéro d'inscription au répertoire national d'identification des personnes physiques, autrement dit le numéro de Sécurité sociale, pour reconnaître chaque contribuable. La CNIL[1], créée pour veiller sur les fichiers informatiques, avait pourtant réussi à s'opposer à cette utilisation, compte tenu du risque encouru par les libertés individuelles. Prétextant des risques d'homonymie, voire des erreurs dans les identités, le fisc a emporté la bataille.

Depuis longtemps, l'administration fiscale rêvait de pouvoir croiser le NIR et ses données. Les « bulletins orphelins », retournés à l'envoyeur sans bénéficiaire, s'entassaient dans les armoires des centres des impôts. C'était tout bénéfice pour les petits futés qui ne déclaraient rien en bougeant tout le temps. Sans compter que ces monticules finissaient par attaquer le moral des agents des impôts. Naturellement, pour faire passer la pilule, on a mis en avant l'intérêt du contribuable, trop souvent victime de confusions avec d'autres personnes portant les mêmes nom et prénoms. En réalité, il s'agit de retrouver ceux qui tentent de passer à travers les mailles du filet. Si ce système est efficace, est-il vraiment nécessaire ? L'administration n'a-t-elle pas les moyens de retrouver les contribuables autrement ? Et comme on n'arrête pas le progrès, les impôts et la Caisse nationale d'assurance-maladie des travailleurs salariés (CNAMTS)

1. La Commission nationale Informatique et Libertés.

sont autorisées, depuis 2008, à mettre en œuvre une procédure automatisée de transferts de données fiscales. À titre expérimental, bien sûr. À ce rythme, il faudra bientôt déposer sa déclaration de revenus directement à la Caisse nationale d'allocations familiales. Inquiétants échanges d'informations sur les personnes.

Internet n'échappe pas à ce quadrillage : si la vente en ligne permet d'exercer une activité difficile à localiser, depuis le 1er janvier 2009, l'administration peut se faire communiquer l'identité des propriétaires de sites de ventes ou de services en ligne, délivrée par les fournisseurs d'accès à Internet et les hébergeurs.

Si les agents des impôts sont soumis au secret professionnel, les ordinateurs du fisc n'ont pas prêté serment. En 2001, quelque 25 000 avis d'imposition ont abouti dans les boîtes aux lettres des voisins. Le montant de l'impôt sur le revenu indiqué à la première page était exact, mais sur les pages intérieures étaient mentionnées des informations concernant… un autre contribuable. Hormis ce dérapage, les fichiers informatiques du fisc sont redoutables. Nous sommes loin des années 90 ou quelques agents pionniers s'offraient, sur leur prime, calculette et ordinateur. Pour surveiller le contribuable, Bercy dispose désormais d'un impressionnant dispositif informatique, capable de pister les contribuables à travers leur patrimoine immobilier, leurs différents comptes personnels. Dernier en date, le fichier PERS qui, outre le numéro de téléphone fixe, de portable, l'adresse électronique, contient une foule de renseignements.

La main dans le sac

Quant au contrôle fiscal, il permet de redresser une déclaration ou de taxer les contribuables qui n'ont pas rempli leurs obligations fiscales, ce qui suppose que le délai de déclaration soit échu. En disparaissant dans la nature avant le délai de déclaration, certains profitaient de cette faille. Si le fisc dispose d'innombrables procédures contre les contribuables, il était désarmé contre ceux qui s'évaporaient. Il ne pouvait intervenir qu'après le dépôt de la déclaration de résultats. Le délai d'inaction de l'administration entre le début d'activité et la date de dépôt de déclaration était utilisé à profit par les fraudeurs. Depuis le 1er janvier 2008, le fisc n'est plus pris de court face aux sociétés éphémères. La procédure de *flagrance fiscale* lui permet d'intervenir pour constater des fraudes, établir un procès-verbal, prendre des mesures conservatoires et de sanctionner par une amende de 5 000 à 20 000 euros des agissements frauduleux alors que l'échéance du dépôt de déclaration n'est pas encore intervenue. Le tout sans l'autorisation du juge. Il suffit de se trouver dans l'un des cas suivants : une activité occulte, la délivrance ou la comptabilisation de factures fictives, la réitération d'opérations commerciales sans factures, l'infraction à la législation sociale en matière de travail dissimulé. Procédure redoutable, qui n'empêche pas, de surcroît, l'administration de procéder à une vérification classique à l'échéance de la déclaration !

Signes extérieurs de richesse

Rendus célèbres par le film où s'affrontent Claude Brasseur, le contribuable, et Josiane Balasko, le contrôleur, les *Signes extérieurs de richesse* ne sont pas du cinéma. Le célèbre impôt sur les portes et fenêtres reflétait la richesse des habitants. Si ces éléments archaïques ont disparu sous le Directoire, la taxation à partir d'éléments indiciaires existe toujours. Certes, il s'agit d'une estimation plus subtile du train de vie. L'ancien article 180 du CGI autorisait la taxation d'après *les dépenses personnelles ostensibles ou notoires.* Depuis la loi Aicardi du 30 décembre 1986 s'impose la taxation d'après *les éléments du train de vie.* Mais désormais, le contribuable n'est plus sans défense. Il peut apporter la preuve que ses revenus sont à l'origine de son train de vie. C'est l'article 168 du code général des impôts : « En cas de disproportion marquée entre le train de vie d'un contribuable et ses revenus, la base d'imposition à l'impôt sur le revenu est portée à une somme forfaitaire déterminée en fonction de certains éléments du train de vie. » La mise à feu de la taxation d'après les « signes extérieurs » suppose deux conditions. L'évaluation ne peut être retenue que si elle est au moins égale à 44 111 euros, seuil remis à jour chaque année. De plus, il doit exister une disproportion marquée entre les revenus du contribuable et son train de vie. Concrètement, la base forfaitaire doit excéder d'au moins un tiers les revenus déclarés.

Tout est examiné à la loupe, de la résidence principale aux résidences secondaires, en passant par les voitures, yachts, avions de tourisme, chevaux de course, employés de maison, droits de chasse, abonnements au golf… La base d'imposition est alors déterminée non pas d'après les revenus déclarés mais d'après une estimation de l'administration. Une valeur forfaitaire est attribuée à chacun des signes extérieurs de richesse. Il suffit alors d'additionner toutes les évaluations pour obtenir la base taxable, pour peu que le contribuable dispose de plus de six éléments de train de vie.

Heureusement, depuis la loi de finances pour 1987, il est possible de faire échec à la taxation, en apportant la preuve que les ressources qui ont permis d'assurer le train de vie proviennent de revenus exonérés, d'emprunts ou de cessions de capital. Même s'il s'est laissé aller à vivre au-dessus de ses moyens, le contribuable risque rarement les foudres du fisc.

Il serait intéressant de savoir combien de taxations d'après ces signes extérieurs de richesse sont effectuées chaque année. Nous pourrions nous apercevoir que cette taxation est désuète et obsolète, bien qu'elle nourrisse une psychose chez le contribuable honnête, alors qu'elle est un des rares cas où l'administration use avec parcimonie de ses pouvoirs exorbitants. L'impôt des temps modernes ne saurait avoir partie liée avec l'angoisse ou l'insécurité. Comme nous l'avons vu, le fisc dispose de suffisamment de moyens à sa disposition pour taxer le contribuable. Ce que constate le conseiller d'État Olivier Fouquet, en conclusion d'une étude[1] bien relevée sur la question : « Les femmes françaises doivent-elles sentir le fumier, comme le notait un voyageur anglais à la fin du XVIIIe siècle, afin de décourager l'éva-

1. Olivier Fouquet, président de section au Conseil d'État, dans « Taxation d'après les signes extérieurs de richesse : "le dernier dinosaure vacille" ». Internet : www.études-fiscales-internationales.com

luation à la tête du client des revenus de leur ménage par le collecteur des impôts ? Accordons-nous à penser que les temps ont changé. Nous ne voyons plus guère l'utilité de l'article 168 du CGI, compte tenu des moyens d'investigation actuels de l'administration et des procédures de taxation d'office dont elle dispose. Les GIR[1] n'ont pas besoin de l'article 168 pour imposer les dealers au RMI qui roulent en Porsche. Le temps de la préhistoire fiscale est terminé. Le dernier des dinosaures fiscaux peut-il légitimement survivre ? »

La délation…

Il m'a souvent été donné de m'exprimer sur la délation. Ce procédé obscur, issu du latin *delegere*, dénoncer, a toujours existé. Dans la Grèce, l'impôt, l'*eisphora* pouvait être contrôlé sur dénonciation. Le mouchard touchait les trois quarts de la fortune du fraudeur ! Méprisable mais très incitatif. Pêle-mêle, on trouve les délateurs parmi les salariés spoliés, les concurrents déloyaux, les maîtresses abandonnées, les comptables licenciés, les voisins jaloux… Atteignant le contribuable au cœur de son patrimoine, de sa vie professionnelle et privée, le contrôle fiscal est l'arme toute trouvée pour assouvir sa vengeance. Seul regret pour le délateur, il n'est pas tenu au courant de la suite donnée à ses informations.

1. Groupement d'intervention régional. Structure agissant contre la délinquance sous tous ses aspects rassemblant policiers, gendarmes, fonctionnaires des impôts et des douanes agissant en collaboration.

Alors que j'étais vérificateur, il m'arrivait de recevoir des dénonciations anonymes. Rédigées d'une écriture nerveuse, bourrées de fautes d'orthographe, ou composées avec des caractères de journaux. Ces lettres étaient classées sans suite. Mais une lettre circonstanciée, documents à l'appui, pouvait être transmise à la hiérarchie, qui décidait de la suite à donner.

Selon les régimes, les périodes, la délation peut être encouragée, interdite, voire punie (mais c'est rare !). Montesquieu rapporte que dans la Venise médiévale, il y avait des « bouches de pierres » pour recueillir les billets des délateurs. Mais l'État peut aller plus loin et vouloir encourager cette pratique en rémunérant les mouchards. La récompense attribuée légitime alors le cafardage. Pis, elle l'encourage. Dénoncer devient un acte civique.

On peut aussi… ne rien faire. Procédé confortable qui n'est plus marqué du sceau de la bassesse. Il est plus moral d'écouter un délateur désintéressé financièrement et dont le souci n'est pas de se faire de l'argent sur le dos des autres. Chez nous, l'administration ne rémunère plus *l'aviseur* pour ses bons tuyaux. Interrogé à ce sujet par *Le Figaro Magazine*[1], Jean-François Copé, alors ministre délégué au Budget et à la Réforme de l'État, est formel : « Il n'y a pas de rémunération officielle ni officieuse. Elle a existé avant, pour un très petit nombre de cas. Elle est aujourd'hui supprimée. » Toutefois, l'argent n'est pas le mobile essentiel du délateur, qui agit d'abord pour régler ses comptes. En France, la délation fiscale n'est pas sanctionnée, mais aucune loi non plus n'interdit d'y donner suite… D'ailleurs, dans le même

1. « Des corbeaux au service du fisc », *Le Figaro Magazine*, 18 février 2006.

entretien, à la question : « L'utilisation des corbeaux pour traquer les fraudeurs supposés ternit-elle l'image de l'administration fiscale ? », Jean-François Copé avait répondu : « Les choses sont claires : jamais une dénonciation, à elle seule, n'est de nature à déclencher un contrôle fiscal. En revanche, elle peut faire l'objet d'une exploitation dans le cadre d'une enquête en cours sur une faute lourde, sur la base d'un dossier complet et argumenté. » La différence est subtile. Plus récemment, dans une interview accordée à *Challenges*[1], Eric Woerth, ministre du Budget, à la question : « Sommes-nous entrés dans une époque de délation des fraudeurs ? », répond : « Je condamne la délation mais je réclame la transparence. Tout contrôle fiscal sur la base d'une dénonciation anonyme est interdit depuis mon arrivée, et cela, sur instruction du président de la République. Si vous envoyez une lettre anonyme au fisc pour dénoncer votre voisin, elle finit à la poubelle. »

Mais alors, si la délation est réduite à sa plus simple expression, pourquoi l'article L 111 est-il toujours en bonne place dans le Livre des procédures fiscales ? Au nom du « souci de transparence », la loi autorise quiconque le souhaite à se rendre à la direction des services fiscaux, pour consulter la liste des personnes assujetties à l'impôt sur le revenu et y trouver de quoi satisfaire sa curiosité. Cette publicité était même prévue pour l'impôt sur les grosses fortunes mais elle n'a pas été reconduite pour l'ISF. Connaître le revenu imposable, le quotient familial, l'impôt de son patron, son amant, son député, le futur beau-père de sa fille et pourquoi pas de son inspecteur des impôts est plus simple que de remplir sa déclaration de revenus.

1. « la traque fiscale », *Challenges,* 14 octobre 2009.

Il est temps que soient rendues publiques des statistiques permettant de découvrir le nombre de contribuables ayant consulté ces « listes ». Étrange disposition, dont la finalité est pour le moins discutable.

Là encore, une vraie réforme doit mettre fin à ce type de médiocrité. Alors que l'administration tente de se réconcilier avec le contribuable, ne doit-elle pas supprimer l'article L 111 du LPF ? Un signal fort, qui ne pourrait qu'aller dans le sens d'un meilleur consentement à l'impôt.

Au diable, le secret professionnel

Depuis peu, secret bancaire et secret professionnel volent en éclats. Avec le droit de communication, l'administration fiscale obtient ce qu'elle veut de qui elle veut. Forte de ces pleins pouvoirs, elle en oublie les limites fixées par le législateur.

En particulier dans le cas d'une activité médicale, contrôle et respect du secret professionnel ne font pas bon ménage. Les tribunaux sanctionnent d'ailleurs la violation du secret médical à l'occasion des opérations de contrôle. Une décision du Conseil d'État[1] a taclé l'administration trop curieuse, qui avait outrepassé ses droits en consultant un document mentionnant le nom du patient et la prestation fournie. Les documents, comptables ou non, mentionnant l'identité des patients peuvent être consultés par le contrôleur, à condition qu'ils ne mentionnent aucune indication, même codée, des actes médicaux effectués. Ainsi, un carnet de ren-

1. CE 7/7/04 n° 253711.

dez-vous peut valablement être consulté. De même n'est pas irrégulière la consultation des relevés des caisses de Sécurité sociale.

Dans une autre affaire, la Cour européenne des droits de l'homme[1] a épinglé la France pour avoir effectué une saisie de documents couverts par le secret professionnel chez l'avocat d'une société en cours de contrôle. Les opérations s'étaient déroulées, comme la loi l'exige, en présence du bâtonnier et d'un officier de police judiciaire, mais plusieurs documents avaient été saisis, parmi lesquels des notes manuscrites rédigées par l'avocat. Voilà comment le fisc, habitué à ne pas avoir de limites, va trop loin.

La poursuite de la fraude ne saurait justifier la violation du secret professionnel, dernier rempart de la vie privée. La multiplication des procédures attentatoires à la liberté augmente le risque de ne plus distinguer le légal et l'illégal.

La peur mauvaise conseillère

Les peurs et la suspicion se sont installées dans notre société, jusqu'à susciter intolérance et discriminations. Elles créent un climat malsain, peu propice à l'épanouissement de la confiance. Surfant sur le leitmotiv de la fraude fiscale, le fisc dispose d'une rare liberté d'action que lui envient beaucoup d'administrations, tant en France qu'à l'étranger. Devant l'étendue des moyens mis à sa disposition, un juste équilibre doit être recherché entre les libertés individuelles et la lutte contre la

1. CEDH 24/7/08 n° 18603/3.

fraude. Une commission des libertés du contribuable devrait être créée pour supprimer les procédures inutiles et trouver une alternative à l'aliénation des libertés.

Occupée à tisser une toile d'araignée autour du contribuable honnête, l'administration doit plutôt s'interroger sur les causes profondes de la fraude pour pouvoir l'éradiquer. La complexité des lois, la concurrence fiscale, l'absence de consentement à un impôt vidé de son contenu, la mentalité entretenue d'un impôt à réduire, coûte que coûte, les niches fiscales ont une lourde part de responsabilité. Il est urgent de percer ces abcès qui défigurent l'impôt. C'est à cette tâche que l'administration doit se consacrer pour libérer le contribuable de la suspicion.

La peur trouve un allié de choix avec la fuite des capitaux vers les paradis fiscaux, la fraude, la crise, le déficit budgétaire, l'insécurité, etc. Seule réponse à ces maux : une législation inquisitrice et galopante. Chaque nouvelle procédure doit contribuer à juguler la fraude. Mais que vaut son efficacité, comparée au danger qu'elle fait courir aux libertés, à la mentalité qu'elle génère ?

L'ultime recours

La démocratie n'est pas un acquis, mais une chance à préserver. Toute atteinte à la liberté doit être justifiée et réduite au strict nécessaire. L'inquiétant, c'est que le système mis en place contre la fraude concerne tous les citoyens, sans distinction. Honnêtes ou malhonnête, ils sont tous mis dans le même sac. Outre les risques de dérapage déjà évoqués, on peut s'interroger sur l'efficacité des moyens déployés. Il faudrait publier annuellement des statistiques pour juger du résultat de chaque procédure, au lieu d'empiler les lois. Savoir si elles ont servi à poursuivre la vraie fraude ou à épingler des contribuables qui auraient pu être repérés par d'autres moyens ? Avant le vote d'une loi restrictive de libertés, il faudrait se poser la question de savoir s'il n'existe pas une alternative à ces procédures.

Il y a donc autant d'urgence à lutter contre la fraude fiscale qu'à veiller au respect des libertés.

CHAPITRE 9

Quand le fisc devient respectueux…

Des rapports passionnels caractérisent les relations entre l'administration et le contribuable. D'un côté le fisc, dont l'objectif est de remplir les caisses de l'État, de l'autre le citoyen, qui refuse qu'on le dépossède des fruits de son travail. Les relations litigieuses entre le contribuable et l'impôt sont devenues héréditaires, comme en témoignent les exactions des seigneurs, les procédés inquisitoriaux de la gabelle, les jacqueries, les privilèges ou leur abolition. En instaurant des rapports autoritaires et en évitant le dialogue, l'administration a longtemps occulté le problème.

La société évolue et l'administration, même fiscale, doit descendre de son piédestal. En 1977, le ministère des Finances a même créé une Direction générale des relations avec le public. La tendance est à la transparence. Bousculant les habitudes, la loi du 17 juillet 1978 relative à l'accès aux documents administratifs va dans ce sens. Bien sûr, le fisc a d'abord rechigné et les tribunaux ont dû s'en mêler. Mais désormais, le contribuable soumis à un contrôle fiscal peut obtenir communication des pièces de son dossier. En 1986, la commission Aicardi est allée plus loin en entourant de garanties la procédure. Occupée à soigner ses relations avec les contribuables, l'administration finirait presque par en oublier ses agents. 1989 a marqué un tournant majeur dans ce déficit d'attention avec la grande grève du personnel des impôts, qui réclamait plus de moyens… et de visibilité.

Pour améliorer son image de marque, l'administration a utilisé les grands moyens. En témoigne l'activité fébrile de la Direction de la communication. Un service public disponible qui informe aimablement le public, c'est nouveau ! Reste donc à simplifier l'impôt, en commençant par le début. Grâce à la déclaration préremplie et à la télédéclaration, cette épreuve annuelle est devenue pour beaucoup une simple formalité. Mais ne nous y trompons pas, l'administration veut avant tout que l'argent rentre dans les caisses de l'État. En douceur, mais avec une efficacité accrue. Certes, la modernisation de l'administration fiscale tend à faciliter la vie du contribuable, mais de là à le réconcilier avec l'impôt…

Mai 68 à Bercy

La grève de 1989 des agents du fisc a eu l'effet d'un électrochoc. La spontanéité du mouvement surprend. Jeunes recrues et vieux routards sont au coude à coude. Du jamais vu ! Les chefs de centre ne maîtrisent plus la situation, la liste des grévistes qu'ils transmettent tous les jours à la direction n'en finit plus de s'allonger. Les inspecteurs principaux dépêchés sur les sites tentent de comprendre. C'est la pression exercée sur les agents, le manque de dialogue avec la hiérarchie, le rendement imposé et les statistiques qui ont fait exploser la cocotte-minute. Toujours plus ! Loin des hausses de salaire, les agents revendiquent plus de justice. Conscients de l'archaïsme de leur administration, ils réclament des moyens pour accomplir une vraie mission. Trop de dossiers, aucun système informatique ni même une simple calculette, la coupe est pleine. Ordinateurs, photocopieurs et fax sont parachutés vers les centres. Finis les abonnements coûteux aux publications privées aux frais des agents ou les lignes téléphoniques suspendues faute de crédit. Place à la considération, à la communication avec le public. Le discours paraît clair.

Il devient brusquement urgent de développer le sentiment d'appartenance des agents : une vaste opération marketing est lancée à grands frais. La DGI dispose désormais d'un logo fédérateur et les agents ont droit à leur propre carte de visite. Les chefs n'hésitent plus à offrir les viennoiseries lors de réunions internes enfin mises en place. Le mot d'ordre ? Transparence et dialogue. Trop longtemps isolé, l'agent des finances découvre qu'il fait partie d'une grande famille !

Sauf qu'une flamme, ça s'entretient. Sans cesse, il faut motiver les troupes. Alors, on distribue des médailles. D'un côté le logo de la DGI, de l'autre le nom du récipiendaire. Mais au fond, les agents ont-ils ce qu'ils cherchaient, ce sentiment d'accomplir une mission, de percevoir un impôt juste et d'appliquer humainement la loi ? Pas forcément.

L'administration déclare, le contribuable contrôle

Dès 2002, surfant sur la vague Internet, l'administration donne aux contribuables la possibilité de télédéclarer leurs revenus. Le web est un succès, puisqu'en 2009

25 % des contribuables ont opté pour la déclaration en ligne. D'ailleurs, Bercy ne lésine pas : un accusé de réception imprimable, une rallonge supplémentaire en fonction de la zone scolaire, un bonus sous forme d'une réduction d'impôt de 10 euros portée ensuite à 20 euros pour les primo-déclarants, histoire de faire participer le contribuable aux importantes économies réalisées. Cerise sur le gâteau, ceux qui souscrivent leur déclaration en ligne n'ont pas à envoyer les justificatifs. Bref, tout est fait pour donner le sentiment d'une simplification du système.

Quant à la déclaration simplifiée, elle fait son apparition en 2004. En 2005, la redevance audiovisuelle s'émancipe. Accolée à la taxe d'habitation, elle permet une économie non négligeable. La donne a changé : une seule taxe est désormais due par foyer, quel que soit le nombre de téléviseurs ou de résidences secondaires.

Après cette mise en bouche, il était temps de s'attaquer au plat de résistance. Souscrire la déclaration de revenus a donné des angoisses à toute une génération de contribuables. Ce pensum du mois de février cristallisait sur l'impôt tout l'agacement du public. Bercy entend le message et lance en 2006[1] la déclaration de revenus préremplie, une révolution qui traduit sa volonté d'améliorer les relations avec le contribuable. C'est aussi une bonne affaire pour elle, qui allège la gestion de l'impôt et réduit la fraude. Sont concernés les salaires, retraites, allocations de chômage, les indemnités journalières de maladie, soit 29 millions de foyers fiscaux. Rondement menée, la campagne est à la hauteur du travail des services : 93 millions de renseignements

1. Expérimentée en 2005 en Ille-et-Vilaine, la déclaration préremplie est généralisée en 2006.

sont collectés entre janvier et mars auprès des employeurs et des organismes sociaux.

La donne change, l'administration déclare et c'est le contribuable qui contrôle, même si la déclaration reste sous sa responsabilité. Toutefois, le fisc admet le droit à l'erreur, on peut se tromper, c'est entendu. Il n'aura donc pas d'intérêts de retard à payer si son erreur est très vite corrigée.

La mode est au « light », un simple coup de fil suffit à valider la déclaration préremplie. Testée en 2007 et généralisée en 2008, la déclaration de revenus par téléphone permet à trois millions de foyers fiscaux qui n'ont pas d'autres revenus que ceux préimprimés, ni de dépense donnant droit à une déduction, réduction ou crédit d'impôt, de valider oralement leur déclaration. Plus besoin de renvoyer du papier. À quand la déclaration par SMS ?

Désormais, à chaque nouvelle campagne de l'impôt son lot de surprises. Chaque année, Bercy crée l'événement. Remise d'impôt, simplification de la déclaration débarquent en force pour séduire le client contribuable. Le cru 2009 a dépassé toutes les espérances. Première innovation, les revenus de capitaux mobiliers sont mentionnés pour la première fois sur la déclaration préimprimée. Deuxième bonne nouvelle, les deux prochains tiers sont supprimés pour ceux qui se situent dans la première tranche d'imposition. Quant à ceux qui ne sont pas imposables par suite d'un crédit d'impôt, ils recevront un chèque équivalent à l'impôt qu'ils auraient payé s'ils n'avaient pas bénéficié du crédit d'impôt. Troisième bonne nouvelle, plus besoin d'obtenir un *certificat électronique* pour déclarer en ligne. Désormais, la déclaration peut être faite depuis n'importe quel ordinateur. L'accès a été simplifié et sécurisé : trois clics suffisent.

Appel du pied à 1,5 million de jeunes actifs rattachés au foyer fiscal de leurs parents, qui reçoivent désormais un courrier avec toutes les informations pour se connecter. Difficile de faire mieux l'année suivante, à moins d'annoncer la retenue à la source !

Une perception sous anesthésie

Ce sont les Anglais qui ont inventé l'impôt sur le revenu moderne, avec l'*Income Tax* en 1842[1]. Ils furent un peu plus longs à adopter *la retenue à la source*, en 1944, loin derrière les Allemands (1920). Quant aux États-Unis et au Japon, l'impôt sur le revenu est prélevé sur les employeurs.

La France est l'un des seuls pays développés à ne pas pratiquer la retenue à la source, même si ce mode de perception existe pour certains revenus comme les indemnités de fonction des élus locaux, les revenus des artistes, des auteurs, des sportifs, ou les dividendes de capitaux mobiliers. De même, pour les salariés, la CSG et la CRDS sont déjà prises à la source. De la même façon, on peut dire que le prélèvement mensuel de l'impôt sur le revenu en est une forme. Pourtant, la France ne semble pas encore désireuse de sauter le pas.

On se souvient du débat houleux qui avait suivi l'annonce, en 2008, par Thierry Breton, alors ministre de l'Économie, de la réforme du système. Il faut dire qu'il avait frappé fort dans un entretien aux *Échos* : « Je propose que 2008 soit une année blanche sur le plan fis-

1. Dès 1798, on trouve une ébauche de l'*Income Tax*. Supprimé, il est rétabli en 1842.

cal. Autrement dit, les revenus de cette année-là ne seront pas imposés. Les contribuables acquitteront en 2008 l'impôt sur leurs revenus de 2007 et dès janvier 2009, celui sur leurs revenus de l'année en cours. C'est une solution où tout le monde est gagnant : le contribuable qui ne paiera pas d'impôt sur ses revenus 2008, mais aussi l'État, car il percevra en 2009 des recettes fiscales plus élevées[1]. » En clair, on impose gratis ! Depuis, le silence règne à Bercy.

Les avantages de ce système sont évidents. D'abord, les démarches sont simplifiées pour le contribuable, qui touche un salaire « net d'impôt » en acquittant des taxes sur des sommes disponibles qu'il n'a pas encore dépensées. Actuellement, plusieurs mois, voire une année s'écoulent entre la perception des revenus et le paiement de l'impôt, ce qui peut poser des difficultés en cas de perte d'emploi, de décès du conjoint, etc. Ensuite, le bon mot de Frédéric Dard deviendrait alors obsolète : « C'est au moment de payer ses impôts que l'on s'aperçoit qu'on n'a pas les moyens de s'offrir l'argent que l'on gagne. »

De son côté, l'administration y trouve son intérêt : l'économie résultant de la retenue à la source est évaluée à 2,5 milliards d'euros, sans compter la disparition des mauvais payeurs, cueillis directement sur leurs salaires. Enfin, les contrôles sont plus simples, il est plus facile de vérifier les employeurs, moins nombreux que les salariés. Ce serait le point d'orgue de la modernisation de l'administration.

Les opposants à cette réforme mettent en avant la divulgation des données personnelles des salariés à l'employeur qui effectue le prélèvement sur la feuille de

1. *Les Échos*, 18 décembre 2006.

paye et aurait accès à des informations qui ressortissent à la vie privée, notamment la connaissance des revenus des conjoints. Le côté encore plus indolore de l'impôt est tout aussi inquiétant. Enfin, la retenue à la source suppose un système fiscal simple. Techniquement, sa mise en place est plus délicate que chez nos voisins, à cause de l'imposition par foyer fiscal qui suppose de prendre en compte le revenu du conjoint et du quotient familial. Les niches fiscales sont aussi un obstacle. Il faudrait alors les supprimer, au détriment des avantages fiscaux à visée sociale. Il est également avancé que le prélèvement à la source pèserait sur les seuls salariés, les autres n'y étant pas soumis.

Reste enfin à résoudre le problème de l'année de transition, puisque, effectivement, l'imposition des revenus de l'année précédant celle de la mise en œuvre du nouveau système passerait à la trappe. Les opportunistes risquent d'en profiter... Ces arguments devront être pris en compte, pour une réflexion équitable. En aucun cas, la retenue à la source ne doit éroder la progressivité de l'impôt. Notre système personnalisé, qui tient compte des charges de famille et met en place des crédits et réductions d'impôt à visées sociales, n'a aucun équivalent dans l'Union européenne. Pourquoi, dans ce domaine, la France ne serait-elle pas un exemple ? L'administration l'a démontré, elle sait parfaitement maîtriser l'aspect technique des réformes, la déclaration préremplie en est un bel exemple. Nul doute que Bercy a les moyens de venir à bout des problèmes auxquels se heurte la retenue à la source.

Ce qui est inquiétant, c'est que, parallèlement, rien ne soit fait pour réformer l'impôt lui-même. Il faudrait profiter de cette dynamique pour faire évoluer la fiscalité. Alors qu'on améliore réellement les rapports entre le contribuable et l'administration, l'impôt est laissé pour compte. Si rien n'est fait en ce sens, nous aurons accouché d'un système boiteux et sans conscience. Méfions-nous d'un changement qui focaliserait l'attention des contribuables sur « l'année fiscale blanche », en faisant l'économie d'un débat sur l'impôt. La technologie pour la retenue à la source est peut-être prête, pas l'impôt. Alors, au travail !

Une charte contre les dérives de l'administration

À l'automne 2006, un document voit le jour : la charte du contribuable. Passée inaperçue entre la grippe aviaire et le chikungunya, elle n'échappe pourtant pas à la pandémie ambiante. Présenté comme un vaccin contre les abus de l'administration, flanqué d'une Marianne en couverture, le document fait l'apologie du civisme fiscal. Le préambule est sans équivoque, qui fait appel à notre attachement à l'Histoire. Les articles 6, 13 et 14 de la Déclaration des droits de l'homme y sont d'ailleurs reproduits et commentés : « Le principe de l'impôt est légitime, le citoyen consent à l'impôt, les contribuables sont égaux devant l'impôt. » Il est parfois bon de le rappeler. Le style de la charte, quelque peu moralisateur, souffre du syndrome du « bon élève ». Si vous faites tout selon les règles, si, par exemple, « vous ne demandez pas à bénéficier de régimes favorables ne correspondant pas à votre situation ; votre comptabilité est sincère et vous n'utilisez pas de logiciels permettant de "truquer" ou de modifier les enregistrements comptables ; vous n'utilisez pas la réclamation pour gagner du temps », alors, le fisc va vous récompenser. L'administration énumère d'ailleurs les droits du contribuable qu'elle s'engage à respecter. Voilà donc les règles du jeu plus clairement définies. À chacun de les suivre… ou de les transgresser, en toute connaissance de cause.

Avant la fameuse charte, on ne savait presque jamais si une lettre adressée aux impôts avait atteint son destinataire. On attendait parfois des semaines, voire des mois sans recevoir de réponse. Aujourd'hui, l'administration garantit une réponse à un courriel sous quarante-huit heures et à un courrier en moins de trente jours. Autre avancée renforçant la sécurité juridique : chaque prise de position écrite d'un agent engage l'administration. Quant aux réponses aux questions les plus fréquemment posées par les contribuables, elles sont disponibles sur le site Internet de l'administration et chacun peut s'y référer. En principe, le contribuable sait donc à quoi s'en tenir.

La charte vante une administration qui simplifie la vie du contribuable, dans le « respect des personnes et des droits ». Parlons-en. Certaines dérives sont trop souvent commises, d'autant plus graves qu'elles touchent des personnes modestes et sans défense. Le texte est aussi un garde-fou contre les abus de l'administration. « Chacun doit payer ce qu'il doit, mais pas plus. » Une assertion parfois outrancière. Il faut changer les mentalités. Pourquoi ne pas envisager que les services rendent compte périodiquement des impôts réclamés à tort dans chaque département ? Nul doute que cette liste noire serait plus efficace.

À l'écoute du contribuable ?

L'administration est à l'écoute de ceux qui n'entendent rien à la fiscalité. Cela dit, téléphoner au centre des impôts, tomber sur le bon interlocuteur et obtenir une réponse satisfaisante ne tient plus du miracle. Un centre d'appel est dédié aux questions anonymes des contribuables. Beaucoup téléphonent pourtant en numéro masqué. On n'est jamais trop prudent. Surtaxé jusqu'en juin 2008, ce service est désormais facturé au prix d'un appel local. Les agents qui répondent sont opérationnels, voire sympathiques, ils ont à leur disposition une documentation informatique efficace, et lorsque la question est plus complexe, ils rappellent généralement dans la journée. Selon un sondage Minefi-BVA, 82 % des personnes ayant contacté l'administration fiscale se déclarent satisfaites. Étonnant, non ?

On peut toutefois regretter un manque d'harmonisation dans la façon de répondre à une même question. Il ne s'agit pas tant de la réponse en elle-même que de la façon de l'exprimer. Si certains interlocuteurs n'hésitent pas à faire œuvre de pédagogie, pour essayer de dédramatiser la fiscalité, d'autres se contentent d'informer plus froidement, sans fioriture. Interrogé sur le chiffre d'affaires à ne pas dépasser pour bénéficier du régime micro-foncier, certains agents se bornent à donner le renseignement, quand d'autres invitent le contribuable à comparer micro-foncier et régime réel, dans le cas où les charges excéderaient les recettes. Il ne s'agit pas de l'influencer pour qu'il choisisse un régime plutôt qu'un autre, mais de lui donner toutes les informations pour l'aider à décider en connaissance de cause.

Le site Internet du ministère des Finances est lui aussi une mine d'informations. On y trouve pêle-mêle les dernières nouveautés, le code général des impôts, le livre des procédures fiscales, la documentation administrative ou le précis fiscal de l'administration. Les réponses aux questions posées par les internautes peuvent y être consultées. Il est aussi possible d'accéder à son compte fiscal, de payer son impôt sur le revenu ou sa taxe d'habitation. Un outil moderne en phase avec l'époque. Une administration à l'écoute… À condition de s'entendre sur la finalité de l'impôt.

En cette période de crise, les règlements amiables semblent la meilleure solution, loin des conflits et des tribunaux. L'opération lancée en 2004 et baptisée « Pour vous faciliter l'impôt » a installé un *conciliateur fiscal* dans chaque département. Son rôle ? Ouvrir un dialogue avec les contribuables en conflit avec l'administration. Pour saisir le conciliateur, il faut d'abord que la demande n'ait pas été satisfaite par le service. Il peut s'agir, par exemple, d'un refus de délai de paiement, de rejet ou de l'admission partielle d'une réclamation. Le conciliateur s'engage à répondre sous trente jours, sauf en cas de dossier particulièrement complexe. Si le contribuable a fait l'objet d'un contrôle fiscal, ou s'il a déjà saisi le Médiateur de la République, le conciliateur fiscal n'est pas compétent. Dans tous les cas, la saisine ne suspend pas les délais de recours contentieux et ne dispense pas du paiement de l'impôt.

Quant au ton et au vocabulaire employés par les fonctionnaires du fisc lorsqu'ils s'adressent au public, il a, lui aussi, largement évolué. Les lettres envoyées aux contribuables sont presque conviviales. Une erreur du service donne lieu à des « excuses » écrites et les imprimés de redressement incitent quasiment au dialogue. La « notification de redressement » est rebaptisée « proposition de rectification ». Entre les deux, il y a un abîme. L'administration fiscale n'impose plus, elle suggère. Le contribuable n'est plus de « mauvaise foi », il a simplement procédé à des « manquements délibérés ». Hier, l'administration toute-puissante sanctionnait, aujourd'hui, elle essaye d'être au service des usagers.

Labyrinthe

Le labyrinthe des services reste cependant une épreuve pour les contribuables qui s'y perdent : il est en effet difficile de distinguer le centre des impôts, qui calcule l'impôt dû, de la trésorerie chargée de le percevoir. Ces services dépendent de la Direction générale des impôts (DGI) pour le premier et de la Direction générale de la comptabilité publique (DGCP) pour le second. Vestige de l'affermage de l'Ancien Régime où la collecte de l'impôt était confiée à un service chargé du recouvrement d'un montant déterminé d'impôts directs, ce cloisonnement est désormais absurde et source de conflits : les réclamations s'égarent entre les différents services, les procédures sont encore plus lourdes... Cette organisation entraîne également des coûts de gestion parmi les plus élevés des pays de l'OCDE. Le contribuable devrait pouvoir trouver dans le même bâtiment tous les services de l'impôt, à défaut de s'y retrouver dans la législation.

Dans le cadre de la modernisation de l'État, la fusion entre la DGI et la DGCP est en cours, pour former une administration unique, la DGFIP (Direction générale des finances publiques). Le contribuable s'adressera à un guichet fiscal unique aussi bien pour le calcul de l'impôt (actuellement, il s'adresse au centre des impôts), que pour son paiement (actuellement au Trésor public). La fusion devrait être généralisée à l'ensemble du territoire d'ici 2012. Tout le monde y gagnera, le contribuable en rapidité et l'administration en efficacité. Sans compter que le coût de la collecte dispersée, bien plus élevé qu'aux États-Unis ou au Royaume-Uni, devrait être réduit.

Une déclaration simplifiée, des locaux regroupés, un personnel accueillant, des démarches facilitées… Autant d'efforts déployés par le ministère du Budget pour aller à la rencontre de l'usager.

Si nos relations avec l'administration se sont améliorées, cette avancée n'a pas encore rendu l'impôt plus sympathique. Le mal est trop profond. Payer l'impôt, oui, mais pour quelle société ? Si l'énergie dépensée pour améliorer les relations avec le contribuable était soudain déployée pour rendre l'impôt plus compréhensible et plus équitable, la partie serait presque gagnée.

Mais l'administration ne préfère-t-elle pas en rester là ?

CHAPITRE 10

ISF : imposer pour mieux diviser

Chaque année, le débat autour de l'impôt sur la fortune revient sur le devant de la scène, à la faveur des discussions entourant la loi de finances ou des exils de stars. Chaque départ un peu médiatisé rouvre la plaie.

Johnny allume le feu à Bercy en annonçant son déménagement pour Gstaad, un petit coin de paradis jusque-là connu de quelques privilégiés amateurs de neige et de raclette. Et lorsque Alain Ducasse, le célèbre restaurateur, adopte la nationalité monégasque, l'ISF qu'il ne paiera pas est à nouveau sur le gril.

Impôt négatif pour les uns, impôt symbole pour les autres. On tourne autour, en modifiant son appellation, son plafonnement ou son seuil d'imposition. Maintenu en vie de façon très artificielle par la droite comme par la gauche, il a la peau dure. Pourtant, ceux qui le paient aimeraient bien qu'il disparaisse. Définitivement.

Nous sommes le seul pays de l'Union européenne à avoir conservé l'ISF. Les Français, habitués aux exceptions, semblent y être majoritairement attachés. C'est un impôt un peu démagogique à vrai dire. Démasqués, les riches sont épinglés et punis, pour le plus grand plaisir de tous ceux qui n'ont pas les mêmes moyens financiers. Affligeant. Malheur à celui qui oserait supprimer le clivage historique entre fortunés et infortunés. On ne s'attaque pas à un symbole. Tout l'art est donc de vider cet impôt de son contenu, en toute discrétion. Et puis il y a désormais le bouclier fiscal.

De l'IGF à l'ISF

Au XVIIe siècle, sous le ministère de Richelieu, existait déjà la *taxe sur les aisés*, un avant-goût prémonitoire de l'ISF. Né en 1982 sous le gouvernement Mauroy, l'IGF, l'impôt sur les grandes fortunes, frappe pour la première fois le patrimoine supérieur à 3 millions de francs. Impôt progressif, il concerne uniquement les personnes physiques. L'IGF est de courte durée. Le Premier ministre Jacques Chirac le supprime dès 1987.

La gauche ayant repris le gouvernail, le gouvernement Rocard le rétablit en 1989 ; il est rebaptisé impôt de solidarité sur la fortune, ou ISF. Il servira à financer le RMI. Un IGF relooké et solidaire, qui garde la même philosophie. Adhérer au club fermé des cotisants à l'ISF suppose d'être à la tête d'un patrimoine supérieur à 4 millions de francs. L'innovation essentielle est de le plafonner, ce qui évite d'avoir à céder son patrimoine pour pouvoir payer l'impôt. Le total de l'ISF et de l'impôt sur le revenu ne peut dépasser 70 % du revenu imposable. Plafond relevé à 85 % deux ans plus tard.

En 1993, la droite revient. Le Premier ministre Alain Juppé limite le plafonnement à partir de 1996. Nombre de contribuables, exploitant à fond ce mécanisme, réduisaient sensiblement leur ISF, en minorant leur revenu imposable par le biais d'investissements défiscalisés. Résultat du déplafonnement : un contribuable peut payer plus d'ISF que ce qu'il gagne. C'est l'exil fiscal : plus d'un foyer fuit l'Hexagone chaque jour, de préférence vers la Suisse ou la Belgique, des terres d'accueil francophones privilégiées.

L'ISF se suffit à lui-même, impôt permanent qui dépend seulement de la possession d'un capital. Une façon racoleuse d'afficher sa lutte contre les inégalités sociales en faisant payer les plus riches, mais aussi plus discrète de recenser le patrimoine des gros contribuables. Tous les secrets de famille y passent. Cet impôt se révèle vite une *vitrine,* en réalité assez peu rentable.

Pour les millionnaires, pas pour les milliardaires

Avec lui, le fisc dispose cependant d'un instrument de traçabilité du capital dont il aura du mal à se passer. L'actif à déclarer concerne les immeubles, les soldes des comptes financiers (comptes bancaires, plan et compte d'épargne-logement, livret A, etc.), les valeurs mobilières et autres meubles, tels les bijoux, droits sociaux, sicav, contrats d'assurance-vie, fonds de commerce ou voitures. Une voiture, une maison et quelques placements suffisent à atteindre le seuil d'imposition. Sont exonérés les biens professionnels, les objets d'antiquité, les objets d'art et de collection. Un amendement déposé par le gouvernement à la demande du président de la République, en 1981, est à l'origine de cette exonération. Ajoutée à une faible taxation en cas de revente, l'exonération d'ISF explique le succès grandissant des objets d'art. Sont ainsi dispensés d'impôt les tapis, les tapisseries exécutées d'après des cartons originaux et contrôlées par l'artiste, tissées à la main et d'un tirage limité, les tableaux, peintures et dessins exécutés exclusivement à la main, les gravures, estampes et lithographies originales, les émaux et céramiques exécutés par l'artiste, les statues et sculptures originales réalisées par l'artiste, les timbres de collection, les collections thématiques diverses (monnaies, médailles). Cette déduction a fait dire que l'ISF est un impôt pour les millionnaires, pas pour les milliardaires. Un jugement largement conforté par les stratégies de défiscalisation utilisées par les grandes fortunes.

Si on considère le patrimoine taxable, l'immobilier représentait en 2005 la plus grande partie de la base imposable, 39,7 % très précisément, selon une étude de la commission des Finances du Sénat. Les valeurs mobilières arrivent en deuxième position, avec 29,9 %. Viennent ensuite les autres biens meubles, pour 14,4 %. Enfin, les droits sociaux représentent 3 % du patrimoine taxable.

Original, l'ISF l'est à plus d'un titre. D'abord lorsqu'il s'agit de considérer chaque foyer. Alors que le bouclier fiscal inclut les revenus de l'enfant majeur rattaché, l'ISF ne prend pas en compte leur patrimoine.

L'autre originalité concerne les concubins notoires. Pour apprécier la limite d'imposition, il est tenu compte du patrimoine des concubins. Position surprenante puisque le concubinage n'est pas fiscalement reconnu pour l'assujettissement à l'impôt sur les revenus. Les concubins établissent une déclaration distincte en matière d'impôt sur le revenu, mais une déclaration commune d'ISF. Le fisc lie et délie les couples au gré de ses intérêts.

Les personnes pacsées, elles, font l'objet d'une imposition commune à l'ISF dès l'enregistrement du pacs. L'imposition concerne l'ensemble du patrimoine du couple et des enfants mineurs dont ils administrent les biens.

Enfin, c'est une erreur de croire que les immeubles possédés à l'étranger par un contribuable domicilié en France lui échappent. L'impôt est dû sur tous les biens, partout, mais des dérogations peuvent être prévues par les conventions internationales. Bien sûr, le fisc aura quelque difficulté à évaluer un immeuble situé au Maroc ou en Italie, mais sa créativité est parfois étonnante en matière d'évaluation. Quant aux contribuables domiciliés à l'étranger, ils restent redevables de l'ISF sur les immeubles qu'ils possèdent dans l'Hexagone.

Les niches fiscales, ou comment contourner l'ISF

La carotte fiscale avait jusque-là épargné l'ISF, au point de devenir un impôt progressif modèle, supplantant l'impôt sur le revenu gangrené par une foule de dispositifs dérogatoires. C'est timidement que l'ISF avait osé une « mini »-réduction de 150 euros par personne à charge. Mais la tentation des niches est trop grande pour corriger son caractère confiscatoire. Depuis l'été 2007, ce dernier n'a plus rien à envier à l'IR. Grâce à la loi Tepa, il est désormais possible de gommer complètement l'impôt, par le biais de deux dispositifs. Le premier consiste à faire un don à un organisme d'intérêt général, dans le secteur de l'enseignement, de la recherche ou de l'insertion : il permet de réduire l'ISF à hauteur de 75 % du montant versé. Curieusement, impossible d'en faire profiter les associations d'utilité publique, contrairement à l'impôt sur le revenu. Plus intéressant, le second dispositif prévoit que les souscriptions au capital d'une PME donnent droit à une réduction d'impôt. Depuis la loi de finances pour 2008, cet avantage est aussi ouvert aux patrons qui investissent dans leur propre entreprise. Un dispositif identique s'applique aux versements effectués via des fonds d'investissement de proximité (FIP), des fonds communs de placement pour l'innovation (FCPI), ou des fonds communs de placement pour la recherche (FCPR). Autant d'échappatoires, véritables niches fiscales, qui sont, pour un patrimoine bien structuré, une façon de contourner l'ISF.

D'autres mécanismes permettent d'arriver au même résultat. Technique radicale, la nue-propriété le réduit une fois pour toutes. En donnant l'usufruit d'un bien à ses enfants, il est possible de lui échapper ou du moins de réaliser une belle économie.

La béquille de l'ISF

Le bouclier fiscal a lui aussi fait grand bruit. En 2006, Dominique de Villepin décide que les contribuables ne paieraient pas un impôt supérieur à 60 % de leurs revenus. Ce bouclier devait mettre fin à l'exil des fortunés, mais aussi apaiser les plus modestes, comme les fameux « retraités de l'île de Ré », symbolisés par cette veuve touchant une modeste pension et dont la petite maison avait augmenté d'une façon faramineuse à cause de la spéculation immobilière. La réalité est plus prosaïque : ce n'est plus un secret pour personne, le bouclier fiscal est le moyen d'en finir avec l'ISF… sans le supprimer.

À compter de 2008, le taux d'imposition qui va déclencher le bouclier passe de 60 % à 50 % des revenus imposables. Autre nouveauté, les prélèvements sociaux, jusqu'alors exclus du calcul, sont ajoutés aux impôts pris en compte. Le bouclier fiscal est inscrit à l'article 1er du code général des impôts : tout un symbole. « Les impôts directs payés par un contribuable ne peuvent être supérieurs à 50 % des revenus. » Mais ce que ne dit pas l'article, c'est que le bouclier ne prend pas en compte le revenu imposable, mais le revenu net. Une porte ouverte aux contribuables aisés. Bien conseillés, ils peuvent profiter des déductions et abattements dont regorge l'impôt sur le revenu, et toucher le jackpot. Même si le plafonnement des niches pourrait bien rendre le jeu moins amusant.

Les chiffres révèlent le vrai visage du bouclier fiscal : 834 contribuables parmi les plus fortunés ont touché 368 261 euros en moyenne en 2008. Avec un capital bien structuré, l'ISF est de fait supprimé. Hypocrisie.

Les réformes de 2008 et les réductions mécaniques de l'ISF réussiront-elles le pari de stopper l'exode fiscal, en faisant revenir ceux qui sont partis ? Il est bien difficile de le savoir. Selon Christine Lagarde, ministre de l'Économie[1], le bouclier fiscal est une mesure efficace : « Si l'on regarde attentivement les chiffres, notamment pour 2007, où il a été mis en œuvre, on s'aperçoit que les départs du territoire ont baissé de 15 %, tandis que les retours ont augmenté de 10 %. » Pourtant, ces données ne suffisent pas à clore le débat. Le problème est ailleurs.

Au milieu des scandales financiers, de la crise et du déficit galopant, le bouclier fiscal est loin de faire l'unanimité.

---

1. Assemblée nationale, session ordinaire 2008-2009, séance du 30 avril 2009.

L'impôt tabou

L'ISF serait-il un *impôt vitrine* ? Il rappelle que la justice fiscale, chez nous, veut dire quelque chose. Pour ne rien gâcher, ce symbole met quand même du beurre dans les épinards, d'autant qu'il monte en puissance. La barre symbolique du demi-million est franchie. 548 000 « riches » victimes du « boum immobilier » ont payé l'ISF en 2007. Un record ! En 2006, ils n'étaient que 457 000. Ce sont 4,42 milliards qui sont tombés dans l'escarcelle de l'État, 20 % de plus que l'année précédente, mais à peine 1 % des recettes fiscales de l'État. Une paille comparée au déficit budgétaire. Sans compter que les restitutions du bouclier fiscal doivent venir en déduction de ces résultats. Alors que le pouvoir d'achat chute, que nous devons rembourser une dette qui s'allonge chaque jour davantage, la suppression de l'ISF n'est pas à l'ordre du jour. Si son rendement est en chute libre, il a quand même rapporté 3,75 milliards d'euros en 2008.

Lorsque le 1er septembre 2008, Christine Lagarde annonce une réforme de l'ISF, le Premier ministre déclare dès le lendemain que la réforme de l'ISF n'est pas à l'ordre du jour. Haro sur le riche ! Pourtant, c'est l'arbre qui cache la forêt. Notre impôt est injuste et mal redistribué, mais nous avons l'ISF, ce Robin des Bois de l'administration, qui prend aux riches pour redonner aux pauvres ! Il faudrait une sacrée dose de courage, voire d'inconscience, pour supprimer un impôt qui déchaîne de telles passions depuis sa création. Même si l'Espagne socialiste l'a fait, la France reste la dernière en Europe à le tenir à bout de bras. Il faut croire que chez nous, l'ISF arrange tout le monde, chaque gouvernement déborde de créativité pour le maintenir en vie à coups de plafonnements, déplafonnements, réductions, exonérations... et même de bouclier fiscal. Tant et si bien qu'il porte les stigmates de toutes les absurdités de notre système fiscal.

En finir avec le chantage de l'exil

L'exil fiscal ! C'est l'argument choc des partisans de la suppression de l'ISF. Pour échapper à la pression fiscale, les grosses fortunes s'envolent. Près de 800 contribuables prendraient chaque année le chemin de la Suisse, de la Belgique ou d'ailleurs. En dix ans, plus de 3 000 personnes ont décampé. Leur problème ? L'ISF, surnommé l'*Incitation à Sortir de France*. À moins que la cause n'en soit l'instabilité légendaire de la fiscalité française...

Les pertes avancées varient selon les sources. Si on considère le manque à gagner, ce n'est pas dramatique. Mais si l'on considère l'ensemble des taxes évanouies, on dépasserait les 2,5 milliards d'euros annuels. L'État s'interdit de quantifier l'ampleur des dégâts.

Les contribuables modestes serrent les poings. Sans pudeur, on étale les états d'âme des stars qui menacent de s'exiler. L'horreur ! Les maîtres chanteurs se disent prêts à revenir lorsque la pression fiscale aura baissé, dès que l'ISF aura été supprimé. Chantage pathétique. Que leurs admirateurs se rassurent, ils ne seront pas privés de leurs idoles, qui continueront à se produire au pays, là où ça rapporte le plus. Des revenus nets d'impôts français, bien sûr. Quant à ceux qui sont partis sur la pointe des pieds, ils expliquent que leur départ est lié à la qualité de vie de leur nouveau pays d'accueil, aux habitants moins stressés, aux grandes prairies non polluées. À défaut de sincérité, ils ont au moins un zeste d'humour.

Arrêtons de stigmatiser. La France d'en haut et celle d'en bas, les Français et les immigrés, les travailleurs et les chômeurs, les riches et les pauvres… Notre fiscalité divise déjà suffisamment. La situation est grave, notre pays souffre d'un profond manque d'unité. Il faut se rassembler pour reconstruire une seule Nation. Si l'ISF est un symbole de division, sa suppression est un symbole encore plus fort, celui d'une volonté d'unir les Français par-delà leurs différences de fortunes. À condition, bien sûr, qu'elle soit accompagnée d'un débat sur la place et le rôle de l'impôt dans notre société. Car, s'il attise les passions, l'ISF n'est qu'un aspect de notre système fiscal.

L'impôt a deux visages. Ange ou démon, il peut accroître les maux dont souffre notre société ou bien décider de les réduire, voire de les supprimer. Instrument d'unité ou de fracture, il est ce que nous voulons en faire.

CHAPITRE 11

Impôt sur le revenu : le retour

On l'a compris, le Français est allergique à l'impôt ! La déclaration qu'il souscrit chaque année ravive les symptômes, en lui rappelant qu'il travaille une partie de l'année pour l'État, sans savoir où va l'argent. Le pic de ressentiment est atteint à la réception de l'avis d'imposition. Les fortunés menacent alors de quitter le pays, quand les plus modestes s'étranglent.

Otage d'un jeu de dupes, l'impôt sur le revenu arrange en réalité tout le monde. Les gouvernements y voient un moyen d'asseoir leur autorité et de valoriser leur action en distribuant quelques « cadeaux ». De leur côté, les contribuables l'utilisent comme un exutoire pour dénoncer l'injustice fiscale.

Mais on ne supprime pas du jour au lendemain un impôt historique, symbole de redistribution.

Révolution… fiscale

Sous l'Ancien Régime, la fiscalité s'abat sur les pauvres, en épargnant les riches. Les impôts indirects foisonnent : les aides, c'est-à-dire les taxes sur la consommation, frappent tout ce qui s'achète, boissons, huiles, fourrures ou cartes à jouer ; les traites, véritables droits de douane, sont perçues aux frontières ou à l'intérieur du royaume ; la gabelle, impôt sur les ventes de sel, varie d'une région à l'autre. Quant aux impôts directs, il y en a trois, dont s'exonèrent pratiquement la noblesse et le clergé : la taille, qui frappe les individus d'après leurs signes extérieurs de richesse, la capitation et le vingtième. Au final, une multitude de taxes arbitraires et mal recouvrées. Les receveurs, qui achètent leur office au roi, perçoivent les impôts directs, quand les impôts indirects sont aux mains des fermiers généraux, qui versent un forfait et encaissent une somme bien supérieure.

La fiscalité royale est lourde, injuste et inadaptée aux besoins de l'État. Louis XVI demande à ses sujets d'exprimer leurs doléances. Il ne sera pas déçu.

Les constituants de 1789 ont un objectif plus qu'ambitieux : faire table rase de l'ancien régime (fiscal) et construire une société plus juste. C'est chose faite dès la nuit du 4 août, avec l'abolition des privilèges. Lorsque les députés se séparent vers trois heures du matin, les impôts féodaux ont vécu. Mais il faut aller plus loin, poser les bases d'une société plus égalitaire. Une déclaration est adoptée dès le 26 août, qui servira de préambule à la Constitution. Deux principes sont consacrés : l'égalité fiscale et l'abolition des impôts indirects injustes. Le mot « contribution » remplace celui d'impôt. Tout un symbole. Les articles 13 et 14 de la Déclaration des droits de l'homme posent les bases d'un nouveau projet fiscal, fondé sur l'égalité et le consentement. L'objectif est d'adopter un système protecteur des individus et des familles. L'impôt indirect et ses perquisitions jusque dans les couvents ont laissé de mauvais souvenirs. Priorité à l'impôt direct établi sur des signes extérieurs de richesses.

Dans son élan réformateur, le Directoire met en place quatre impôts : la contribution foncière sur les biens immobiliers ; la patente, qui frappe les locaux des entreprises ; la contribution mobilière due par les locataires ; et l'impôt sur les portes et fenêtres à la charge des propriétaires, calculé sur la superficie et le nombre des ouvertures. Ces impôts, qui donneront plus tard naissance à la taxe d'habitation, la taxe foncière et la taxe professionnelle, ne sont pas progressifs mais proportionnels : ils taxent chacun au même taux, quels que soient ses moyens.

Les « quatre vieilles », comme on les appelle, ne suffisent pas à remplir les caisses de l'État. Pour financer la guerre de 1870, il faut vite trouver une solution. On décide de renforcer les impôts indirects, si décriés par les hommes de 1789. Remis au goût du jour, ils favoriseront bien sûr les plus riches. Les droits d'octroi, l'impôt sur le tabac et même, pour pimenter le tout, l'impôt sur le sel ressurgissent. Le Directoire avait rétabli l'impôt sur le thé, le café et les cartes à jouer. De 1871 à 1873, c'est l'explosion : taxes sur la dynamite, les allumettes, les bougies. Rebelote. Là où il y avait du plaisir… il y a de l'impôt.

Le XXe siècle va prendre le contre-pied de cette tendance.

Impôt inquisiteur pour les uns, plus juste pour les autres, on invente l'impôt sur le revenu qui donne lieu à des débats passionnés. Pas moins de deux cents projets ont été discutés au Parlement entre 1871 et 1906 ! La guerre de 1914-1918 verra la naissance de « l'impôt Caillaux », la Seconde Guerre mondiale sera à l'origine des réformes de 1948, quand la Ve République finalisera, pour sa part, l'impôt sur le revenu.

L'impôt pour tous !

L'instauration du suffrage universel accélère ensuite l'idée d'un impôt adapté aux capacités contributives de chaque contribuable. Gambetta propose en vain un impôt proportionnel sur le revenu. D'autres projets n'auront guère plus de succès. Devant les tensions internationales, une réforme est urgente. Socialistes et radicaux donnent l'assaut, proposent un impôt progressif, garant d'une meilleure redistribution des richesses. Un projet est déposé en 1910, et le Sénat s'y oppose encore.

Joseph Caillaux, ministre des Finances, a alors une idée originale. Sa réforme sera un savant cocktail, combinant d'un côté un impôt cédulaire, à l'image de l'*Income Tax* britannique de 1842, constitué de sept cédules, c'est-à-dire de sept catégories de revenus, distinctes et imposées à un taux différent, et de l'autre un impôt général complémentaire progressif de 0 à 10 % à l'image de l'*Einkommensteuer* allemand de 1893. Le génie de Caillaux est d'avoir compris qu'il fallait introduire en douceur l'impôt progressif. Les débats s'animent. Les partisans y voient un impôt juste, qui pourrait changer la société. Les détracteurs y voient un retour à l'Ancien Régime, à la taille et à l'impôt personnel. Les monstres du passé fiscal ressurgissent. Mais le besoin est trop pressant, l'impôt général sur le revenu (IGR) est finalement voté le 15 juillet 1914. La guerre fera le reste, et les cédules seront officiellement adoptées le 31 juillet 1917.

Beau succès pour Caillaux, dont la réforme marquera notre fiscalité jusqu'à la Ve République. L'impôt général frappe la totalité des revenus. Il a le double mérite d'augmenter les recettes et d'instaurer pour la première fois un prélèvement progressif et personnalisé. Un pas de géant.

Quant au quotient familial, qui complète la notion d'impôt « sur mesure », il sera mis en place en 1945, histoire d'encourager la natalité au lendemain de la guerre. Le principe ? Le niveau de vie d'une famille diminue avec le nombre d'enfants dans un foyer. Il n'est donc pas équitable qu'à revenu égal une famille avec enfants paye autant qu'une famille sans enfants. Paradoxalement, ce système favorise les hauts revenus. Il sera rectifié et plafonné bien plus tard, en 1987.

Trois ans après la naissance du « quotient », le ministère des Finances accouche d'un deuxième enfant, un mélange entre une taxe proportionnelle et une surtaxe progressive sur l'ensemble du revenu. L'année 1959 voit leur suppression et la création de l'IRPP, impôt sur le revenu des personnes physiques, unique et progressif. Rebaptisé IR, impôt sur le revenu en 1970. La justice fiscale enfin réalisée ? Mais pour combien de temps ?

Un impôt tronqué

L'impôt sur le revenu, en vérité, n'a plus les qualités qu'on lui prêtait. Mal aimé des contribuables, redouté des politiques, complexe à établir autant qu'à comprendre, il est pourtant très clair. Chacun sait combien il devra payer et toute augmentation est immédiatement sensible. Les candidats à l'élection présidentielle savent le sujet délicat, qui caressent le contribuable dans le sens de la baisse. Certains surenchérissent, allant jusqu'à mettre la suppression de l'IR en bonne place dans leur programme. Ne serait-il devenu qu'une monnaie d'échange électorale ? Instrumentalisé au gré des intérêts, bien loin de la justice fiscale, l'impôt sur le revenu accumule désormais toutes les critiques.

Trop lourd ! Au cœur de tous les débats, il dévorerait la majeure partie de nos revenus. Un mythe savamment entretenu, puisqu'il est largement devancé par les prélèvements sociaux et la TVA.

Trop élevé ! Encore une idée reçue, le taux marginal de l'impôt sur le revenu est de 40 % chez nous. Il est de 43 % en Espagne, 45 % en Allemagne, 50 % au Royaume-Uni[1].

Mal réparti ! Un impôt payé seulement par la moitié des contribuables. Un foyer fiscal sur deux y est assujetti. Si l'assiette de l'impôt sur le revenu est ainsi réduite, c'est que de nombreux mécanismes permettent d'y échapper : la prise en compte des enfants à charge par le mécanisme du quotient familial ; les possibilités de défiscalisation via les investissements locatifs ; les innombrables niches fiscales, voire les revenus exonérés d'impôts. Par exemple, la plus-value sur la résidence principale est exonérée. Quant aux revenus de placements, placés sur un PEA détenu depuis plus de cinq ans, ils sont exonérés au même titre que le livret A, le livret jeune ou le livret de développement durable. De leur côté, les plus-values sur les cessions de valeurs mobilières bénéficient d'un abattement applicable en fonction de leur durée de détention. Elles sont complètement exonérées au bout de huit ans. Quand elles sont imposables, elles supportent, sur option, une taxation forfaitaire, qui les place loin de l'impôt progressif sur le revenu. Sans compter le relèvement de la première tranche d'imposition à partir de laquelle l'impôt est dû ;

1. Source OCDE 2009.

l'abaissement du seuil pour bénéficier de la décote ; la réduction des taux marginaux du barème de l'impôt par les gouvernements successifs.

Dernière règle qui réduit la progressivité de l'impôt : l'exonération des heures supplémentaires, contenue dans le « paquet fiscal ». Non seulement une fraction des revenus échappe à l'impôt mais, surtout, la progressivité est écartée. Il est désormais possible de prévoir que l'augmentation du revenu n'augmentera pas l'impôt.

Autant de mesures plus ou moins justifiées qui, mises bout à bout, écartent finalement de l'impôt sur le revenu la moitié des foyers fiscaux.

Dis-moi comment tu gagnes ta vie, je te dirai comment frauder

Les secteurs sont par ailleurs très inégaux face à la fraude. Les revenus des salariés, qui procurent plus de 80 % des recettes de l'IR, sont déclarés par les employeurs. Pas question donc pour eux de passer à travers l'impôt. Étrangement, c'est d'ailleurs cette impossibilité de frauder qui leur a valu l'abattement supplémentaire de 20 % en 1960, supprimé avec la réforme Villepin pour les revenus 2006[1]. Quant aux autres revenus, selon la profession considérée, l'ancien vérificateur que je suis ne peut se voiler la face : les possibilités de fraude de certaines professions existent dans des proportions que le contribuable honnête est loin d'imaginer… Et certains ne s'en privent pas. L'administration n'est pas dupe, mais

1. Supprimé en 2006, l'abattement de 20 % a été incorporé dans le barème de l'impôt.

elle se donne bonne conscience en organisant le contrôle fiscal, censé compenser cette inégalité devant la « sincérité des déclarations ». Toutefois, les redressements sont souvent très éloignés de la réalité. Seuls des contrôles plus pointus pourraient réduire l'inégalité des contribuables devant la déclaration de leurs revenus. Il suffirait d'une réelle volonté politique.

La complexité de l'impôt sur le revenu est une évidence. Chaque loi de finances embrouille un peu plus l'écheveau, bardé de près de 500 niches fiscales. Ne confondons pas les genres : ce n'est pas l'impôt sur le revenu qui doit être supprimé, c'est le code des impôts qui doit être refondu, et les niches fiscales mises à plat.

L'IR, avec 59,2 milliards d'euros, représente seulement 20 % des recettes fiscales de l'État. Trompeuse apparence des chiffres. S'il rapporte aussi peu, c'est qu'il se calcule à partir d'un revenu net, toutes réductions prises en compte, et non à partir du revenu réel.

Affublé de tous les maux, l'impôt sur le revenu est le mal aimé de la fiscalité. Alors que le consommateur demande de plus en plus de lisibilité sur les emballages des produits, le contribuable ne veut surtout pas savoir ce qu'il paye. Étrange paradoxe. À l'IR, expression de la justice fiscale, on préfère les taxes invisibles, noyées dans le prix du produit. Il est temps de redécouvrir l'impôt sur le revenu.

Un impôt solidaire

Car l'impôt progressif est juste : son taux augmente avec le revenu ou le capital. Ce mécanisme est appliqué chez nous à l'IR, à l'ISF et aux droits de succession.

Jean-Jacques Rousseau le définissait ainsi : « Celui qui n'a que le simple nécessaire ne doit rien payer du tout ; la taxe de celui qui a du superflu peut aller au besoin jusqu'à concurrence de tout ce qui excède son nécessaire. » L'impôt sur le revenu est censé remplir cette fonction. Sa personnalisation se concrétise par sa progressivité, ses abattements, et la prise en compte des charges du foyer fiscal donnant à la famille un statut plus favorable que dans d'autres pays. Le taux d'imposition, de 5,5 à 40 %, augmente avec le revenu, contrairement aux impôts indirects dont le taux est le même pour tous, sans considération du revenu.

Autre atout, cet impôt déclaratif est un impôt durable, qui responsabilise le contribuable. Une fois par an, assis devant notre déclaration, nous prenons conscience de la ponction faite sur nos revenus et de notre contribution au développement de la société.

Peut-on le réformer ?

Il faut rendre à l'IR sa juste place. Avant tout, il importe d'élargir sa base. Il n'est pas acceptable qu'il ne soit acquitté que par un foyer sur deux. Pour apprécier cette dérive, il faut se souvenir de la Charte de 1814 selon laquelle étaient électeurs ceux qui payaient un impôt direct, le cens, supérieur à 300 francs. Les étrangers, les femmes, les indigents, les citoyens faiblement imposés, les dépendants et les mineurs, les gens en état d'accusation et les domestiques n'avaient pas le droit de voter.

Payer l'impôt direct, en toute conscience, c'est s'intéresser à l'utilisation de l'argent public et à sa redistribution, prendre part au débat fiscal en se considérant comme un citoyen à part entière. L'impôt des temps modernes implique un changement de mentalité où l'individualisme laisse sa place à la solidarité.

L'élargissement de l'assiette d'imposition supposerait d'agir sur trois mécanismes : la suppression de la tranche à taux zéro, une plus grande progressivité et la suppression des échappatoires.

La baisse de la TVA sur les produits de première nécessité, consommés en majorité par ceux concernés par la première tranche, compenserait cet effort. Opération blanche ? Oui, si l'on considère l'aspect financier. Non, si l'on prend en compte le souci de solidarité. Qu'on me comprenne bien, il ne s'agit pas de demander un effort supplémentaire aux plus démunis, mais de leur permettre d'accomplir un geste solidaire, quand bien même l'impôt ne dépasserait guère quelques dizaines d'euros seulement. Une occasion de passer de la taxe indolore à l'impôt conscient.

Plus les tranches augmentent, plus l'impôt est progressif. Pour qu'il le soit encore davantage, il faut revenir au système antérieur. Le barème qui assure la progressivité de l'impôt est passé de 13 tranches à 7 avec la réforme Balladur puis à 5 grâce à Villepin. De quoi s'acheminer vers la *Flat tax*, un impôt à taux unique quel que soit le niveau de revenu. Pour éviter cette mort annoncée de l'IR, le barème ne doit pas sacrifier à la simplicité, le nombre de tranches serait de nouveau augmenté, ce qui rendrait chacun imposable, même pour un montant minime.

Limiter les échappatoires

Les niches fiscales permettent aussi de réduire l'addition. Seules celles à visée sociale ont un sens. Les autres entretiennent l'idée que l'impôt est trop cher, qu'il faut le baisser. Surtout, elles exacerbent un sentiment d'injustice tout à fait détestable.

Votée en pleine crise, la loi de finances pour 2009 a porté un coup fatal aux « super-niches ». Désormais, la réduction d'impôt pour investissements dans les Dom-Tom, dont le coût avoisinait en 2008 780 millions d'euros, est plafonnée.

Quant à la loi Malraux, elle s'est démocratisée, puisque la déduction d'impôt calculée sur les travaux de rénovation a été convertie en une réduction d'impôt. Le régime des locations meublées s'est durci, désormais réservé aux vrais professionnels. Bien conseillé, avant le plafonnement, un cadre pouvait échapper totalement à l'impôt en investissant dans une location meublée ou un placement dans les Dom-Tom.

Pour verrouiller le système, à ces plafonnements spécifiques se superpose un plafonnement global. L'économie d'impôt liée aux avantages fiscaux ne peut dépasser 25 000 euros, augmentés de 10 % du revenu. Pour le calcul du plafonnement, sont pris en compte notamment le crédit d'impôt pour la garde d'un enfant, mais pas l'avantage concernant les monuments historiques. Comme c'est bizarre ! Souhaités depuis longtemps, ces plafonnements sont une avancée au regard de la justice fiscale. L'optimisation reste encore le jeu préféré des nantis bien informés, puisque, par exemple, un célibataire qui gagne 150 000 euros par an peut arriver, avec un zeste d'habileté, à réduire son impôt de 40 000 euros. Les niches, si elles sont plafonnées, ne sont pas supprimées, et leur maintien porte toujours atteinte à la progressivité de l'impôt. Comme par hasard, certaines niches sont totalement passées au travers du « coup de grisou ». C'est le cas des monuments historiques, protégés du temps comme de l'impôt.

Comment expliquer que les placements dans les sociétés de financement du cinéma et de l'audiovisuel (Sofica) donnent lieu à un avantage supérieur à celui des fonds communs de placement dans l'innovation ? Que dire aussi des cessions réalisées à l'intérieur d'un PEA ? Elles ne sont pas prises en compte pour l'appréciation du seuil au-dessous duquel les plus-values sur cessions de valeurs mobilières sont exonérées. Autre aubaine, si le PEA a plus de cinq ans, quel que soit leur montant, les plus-values ne seront pas imposables.

Les avantages du PEA doivent être revus à la baisse, comme d'ailleurs ceux de l'assurance-vie. Si le système favorable peut être maintenu, il doit être plafonné. La remise à plat des niches fiscales va dans le sens de la justice, mais aussi d'une simplification de notre fiscalité, aujourd'hui indéchiffrable. Et inacceptable.

Fusionner la CSG et l'IR pour plus de justice

La contribution sociale généralisée (CSG), créée en 1991 par Michel Rocard et prélevée sur les revenus, participe aux dépenses de santé. C'est le principe même de la solidarité. Quel est le contribuable bien-portant qui pourrait dire qu'il n'aura jamais l'occasion de s'appuyer sur la Sécurité sociale ?

L'esprit de solidarité anime les prélèvements sociaux, il est donc normal que chacun profite gratuitement des dépenses de santé et y participe selon ses possibilités. Seul problème, ces prélèvements sont proportionnels : un taux unique, sans considération des revenus ni des charges de famille. Cette situation ajoute un déséquilibre à la philosophie de notre système fiscal. Pour y remédier, il faudrait donc fusionner la CSG avec l'impôt progressif sur le revenu. Cette intégration suppose que soient supprimées les niches fiscales non sociales, pour éviter qu'elles ne viennent polluer la CSG. Chaque impôt apportera alors à notre société ce qu'il a de meilleur : l'impôt sur le revenu sa progressivité et son quotient familial ; la CSG sa large base appliquée indistinctement à tous les revenus. Nous aurions alors une seule imposition à large base et fort rendement.

Forcément, le taux global de l'impôt avec l'adjonction de la CSG serait supérieur à l'actuel, mais le contribuable y gagnerait en visibilité, alors qu'aujourd'hui, il ne sait pas vraiment quels sont les prélèvements qu'il subit. Cette fusion est urgente, d'autant que la demande en matière de protection sociale ira grandissant, compte tenu notamment de l'allongement de la durée de vie.

Un acquis à préserver

Sauver l'impôt sur le revenu ! Voilà une œuvre d'utilité publique pour les générations futures ! Si rien n'est fait, nos enfants connaîtront une société croulant sous les taxes indolores, uniformes, frappant sans considération des revenus et sans souci de solidarité.

L'homme a surexploité les ressources de la planète en les croyant inépuisables, et chaque génération de gouvernants s'est servie de l'impôt sur le revenu en le vidant de son sens. Saisissons la chance de dépasser les conflits idéologiques sur l'impôt sur le revenu, pour en faire un impôt juste et fédérateur.

CHAPITRE 12

Des vertus de l'impôt vert

L'impôt au secours de la planète ? De quoi faire tousser les hygiénistes de 1926. C'est sous leur influence que l'impôt des portes et fenêtres avait été supprimé. Aujourd'hui, ouvrir les habitations ne suffit plus. Ce sont nos consciences qu'il faut oxygéner. De toute urgence.

Le responsable ? Notre civilisation. L'homme boulimique aspire à toujours plus de confort, la population augmente et réclame davantage de biens de consommation. Les pays émergents nous rejoignent à grandes foulées et les industries chimiques explosent. La planète est en surchauffe. Les ressources s'épuisent, et le réchauffement de la terre constitue le scénario catastrophe d'une humanité à bout de souffle.

Face à cette montée des périls, il est urgent d'agir.

Quand l'impôt vire du rouge au vert, la fiscalité coercitive devient incitative. C'est la mutation de la génération insouciante à la génération responsable. La fiscalité retrouve sa raison d'être pour accompagner une politique environnementale qui encourage chacun à avoir un comportement responsable, incitant à la réduction des émissions de CO_2 des automobiles, dissuadant les activités polluantes. Jamais les conditions n'ont été aussi favorables.

Au secours de la planète !

Financer la survie de la planète est une chance. Car, comme le dit si bien un proverbe amérindien : « Nous n'héritons pas de la terre de nos parents, nous l'empruntons à nos enfants. » L'enjeu est à la hauteur de nos possibilités et cette cause a le mérite de faire exploser les barrières sociales, économiques et géographiques entre les hommes et les sociétés. L'impôt peut être un allié de choix, qui, bien utilisé, est une énergie puissante au service de l'environnement. Hier, cause de division, aujourd'hui, fédérateur, l'impôt rassemble les efforts des contribuables pour sauver la planète.

Les mécanismes destinés à atteindre cet objectif ne manquent pas. Certes, l'emprunt public est capable de financer la préservation de l'environnement mais on peut faire mieux. Des aides fiscales sous forme de subventions, avances ou prêts doivent être accordées aux entreprises pour faciliter le recours à des technologies non polluantes. Ces mécanismes, justement dosés, peuvent venir en complément d'une fiscalité verte incitative. Ils ont en commun un objectif, gérer en « bon père de famille » le patrimoine légué aux générations futures. Cet objectif ressemble étrangement à l'esprit, rappelé par l'anthropologue Marita von Bieberstein Koch-Weser[1], qui animait les bâtisseurs de cathédrales du Moyen Âge, qui payaient des impôts pour financer l'édifice et participaient à la construction en sachant que la cathédrale ne serait pas achevée de leur vivant, mais que leurs descendants, peut-être, pourraient venir s'y recueillir.

---

1. Cité dans *Mon Manifeste pour la Terre* de Mikhaïl Gorbatchev, Gordes, Éditions Le Relié, 2002.

Encourager les comportements propres

La fiscalité écologique s'est invitée dans nos maisons, ce qui n'apparaît pas forcément souhaitable. Toute intrusion du fisc dans la vie privée des contribuables est la porte ouverte aux abus. L'impôt sur les portes et fenêtres avait justement été instauré pour que l'État reste… sur le pas de la porte. Mais les choses ont bien changé. Quand on sait que les bâtiments sont responsables de 43 % de la consommation d'énergie, on comprend l'importance de l'enjeu. Les objectifs du Grenelle de l'environnement prévoient une baisse de la consommation d'énergie des bâtiments de 38 % à l'horizon 2020. Mais s'équiper pour l'environnement n'est pas à la portée de toutes les bourses. Certes, ce désir est bien ancré chez beaucoup de gens. Mais le consommateur responsable se trouve aujourd'hui dans une position inconfortable : économiser de l'énergie… ou de l'argent. Il faut donc l'aider financièrement à faire le – bon – choix écologique. Les coups de pouce donnés par les dernières lois de finances répondent à ce souci. Les équipements en faveur du développement durable installés dans l'habitation principale permettent de faire des économies d'énergie tout en préservant l'environnement, mais aussi de bénéficier d'un crédit d'impôt. Une combinaison gagnante.

Le gouvernement n'a pas lésiné pour inciter les particuliers, propriétaires ou locataires, à s'équiper en ce sens. Isoler le logement, installer une énergie renouvelable, se chauffer permet d'avoir un nid douillet et de diminuer à la fois les dépenses d'énergie et l'impôt. Le foyer fiscal revisité façon écolo.

Les Français ont répondu à l'appel, ils ont été 1,4 million à bénéficier du crédit d'impôt pour le développement durable et les économies d'énergie en 2008. Bonus évident, l'avantage fiscal accordé aux particuliers est dans tous les cas un crédit d'impôt. Alors que la simple réduction d'impôt ne donne pas lieu à remboursement si elle excède l'impôt dû, le crédit d'impôt favorise les plus modestes, puisqu'il est remboursé dans tous les cas.

L'immobilier vert est incontournable pour bénéficier des incitations fiscales. Qu'il s'agisse de l'acquisition de l'habitation principale ou de l'investissement locatif, il n'est pas question de profiter des avantages sans se conformer à des normes énergétiques de plus en plus performantes. Et contraignantes pour les promoteurs.

S'il s'agit de vrais cadeaux, ils n'en restent pas moins fiscaux. Rien ne dit qu'un avantage en vigueur une année le sera l'année suivante. Les incessantes modifications des conditions d'éligibilité des équipements, la complexité des textes sont autant de pièges pour le contribuable. Beaucoup ont viré du vert au rouge…

Les acquéreurs de pompes à chaleur ont ainsi fait l'objet de redressements, au motif qu'ils avaient produit deux factures et non une. Pourtant, leur installation nécessite deux interventions, l'une pour effectuer le forage et l'autre pour installer la pompe à chaleur, forcément facturées par deux entreprises. L'instruction 5B-17-07 leur était tout bonnement passée sous le nez. Elle précisait que l'intervention d'un sous-traitant est admise s'il agit « pour le compte de l'entreprise qui fournit l'équipement et que cette dernière établisse la facture pour l'ensemble de l'opération ». En clair, une seule facturation doit être établie. Une autre surprise attendait les acquéreurs d'une pompe à chaleur « air/air[1] ». Ils n'avaient pas lu l'instruction (toujours la même...). Seule l'unité extérieure de la pompe donnait droit au crédit d'impôt, l'unité intérieure était donc exclue. Sans vouloir en rajouter, on notera que l'instruction était postérieure à l'acquisition des équipements... De quoi faire monter la température ! Devant le tollé général, la mobilisation d'associations de consommateurs, et aussi... la perspective d'un lourd contentieux, Bercy a pondu une instruction précisant que, « compte tenu des difficultés d'interprétation possibles avant la publication de l'instruction du 11 juillet 2007, il convient de ne pas remettre en cause la fraction du crédit d'impôt obtenue par les contribuables au titre des dépenses relatives aux unités intérieures des pompes à chaleur air/air, lorsque ces dépenses ont été réalisées ou engagées avant le 11 juillet 2007 ». À quand une fiscalité vraiment écologique qui protège à la fois l'environnement et le contribuable ?

D'autres mesures complètent cette – nouvelle – fiscalité verte : l'exonération de taxe foncière sur les propriétés réalisant des économies d'énergie, l'imputation des déficits fonciers sur le revenu global provenant des dépenses de préservation et d'amélioration du patrimoine naturel, l'exonération d'impôts des ventes d'électricité produite à partir d'installations photovoltaïques, l'éco-prêt à taux zéro pour financer les travaux d'économie d'énergie, le crédit d'impôt de soutien à l'agriculture biologique. Dans un pays qui n'a jamais été en pointe dans la recherche des énergies renouvelables, toutes ces mesures incitatives sont très encourageantes !

1. Le crédit d'impôt pour les pompes à chaleur air/air a été supprimé à compter de 2009.

S'il est encore trop tôt pour connaître les retombées de ces cadeaux fiscaux, ils portent en eux beaucoup d'espoir. Mais ce dispositif peut encore être amélioré. Le crédit d'impôt est remboursé avec un an de décalage, la déclaration étant déposée l'année suivant celle des dépenses. À l'instar du bonus pour les automobiles, une prime immédiate, directement déductible de la facture, pourrait être envisagée. Une solution qui serait encore plus incitative et plus juste.

Sensibiliser les particuliers en leur accordant des avantages est à encourager, même si l'impact de ce type de mesure ne peut s'apprécier sans prendre en compte ses effets pervers. Il faut veiller à ce que ces équipements propulsés par la carotte fiscale n'atteignent pas des tarifs prohibitifs chez quelques revendeurs. Les exemples sont nombreux où l'avantage fiscal, que ce soit dans le domaine de la fiscalité verte ou de l'investissement immobilier locatif, est écorné par la hausse du prix de vente. Pour éviter cet effet, le bonus doit s'accompagner d'un contrôle des prix. Dès lors que le gouvernement accorde des primes coûteuses pour le budget, il doit pouvoir intervenir sur les prix pratiqués. En accordant, par exemple, un avantage fiscal aux seules acquisitions se situant dans une fourchette de prix raisonnable. En revanche, un achat d'un prix supérieur se verrait sanctionné par un abattement sur l'avantage fiscal. Cet interventionnisme aurait un double impact, d'abord sur la protection de l'environnement et ensuite sur le pouvoir d'achat. La fiscalité bouge et les règles du jeu commercial doivent, elles aussi, être redéfinies lorsqu'il s'agit de l'environnement.

Inciter à la réduction de la pollution automobile

Chez nous, l'accent est mis sur la réduction de la pollution automobile. L'achat ou la location, durant au moins deux ans, d'une voiture fonctionnant au gaz de pétrole liquéfié (GPL), à l'énergie électrique, au gaz naturel véhicule (GNV) ou dotés de moteurs hybrides, donnait droit depuis 2004 à un crédit d'impôt de 2 000 euros. Curieusement, on ne sait pas grand-chose des retombées de cette mesure. Combien en ont bénéficié ? Quel coût pour le budget ? Les mesures innovantes sans suivi et sans médiatisation ne sont qu'un coup d'épée dans l'eau.

Dans la foulée du Grenelle de l'environnement, le crédit d'impôt a été remplacé par le bonus-malus écologique. Les véhicules les plus polluants sont soumis à un malus, les moins polluants bénéficient d'un bonus. Une première réussie. En quelques mois, les consommateurs ont plébiscité les petites cylindrées à bonus, obligeant les constructeurs à consentir des offres promotionnelles sur les autres véhicules. En 2008, la vente des véhicules émettant plus de 160 grammes de CO_2 par kilomètre a enregistré une baisse de 42 %, contre une hausse de 45 % pour les véhicules émettant moins de 130 grammes. Le premier bonus-malus a même laissé un trou dans le budget, les bonus dépassant largement les malus censés les financer. Le plan de relance de l'économie du 4 décembre 2008 a complété ces mesures à la hausse à travers la prime à la casse. Avec le bonus écologique et les remises commerciales, les ventes ont pu se maintenir. La prime à la casse aurait permis de créer ou de sauvegarder 16 000 à

21 000 emplois[1] durant le premier semestre 2009. Désormais, le choix d'une voiture prend en compte l'impact du véhicule sur l'environnement.

Le bonus-malus automobile est le type même d'une fiscalité écologique et astucieuse, qui connaît un joli succès un peu partout. L'Autriche, la Suède, la Belgique, le Danemark et d'autres pays de l'Union européenne ont instauré un système de bonus-malus. Les dispositifs diffèrent d'un pays à l'autre. Notre dispositif est un modèle, complété par la prime à la casse. Un indice révélateur : chez nos voisins, les ventes ont chuté, alors que dans le même temps, elles reprenaient du poil de la bête chez nous.

Ce bonus-malus permet une redistribution, le malus subventionnant une partie, et une partie seulement, on l'a vu, du bonus. Par ce mécanisme des vases communicants, le consommateur a le choix entre un produit énergétivore et un autre moins. C'est un bon compromis, l'objectif étant de supprimer peu à peu les véhicules polluants. On peut alors espérer que cette minorité prête à payer un éco-malus changera par la raison, et non plus seulement par la fiscalité. D'autant que d'ici là, de nouveaux carburants protecteurs de l'environnement lui seront proposés.

Il faut aussi accélérer le développement des voitures électriques, tant pour les particuliers que pour les transports en commun, par la création d'infrastructures de recharge des véhicules, comme cela se fait avec succès

1. Assemblée nationale, Rapport d'information déposé par la commission des Finances, de l'Économie générale et du Contrôle budgétaire, sur l'évaluation des effets économiques du bonus-malus écologique et de la prime à la casse, 23 septembre 2009.

au Québec. Il faut aussi faire un gros effort sur le carburant vert, les stations-service, notamment celles des grandes surfaces, doivent très vite s'adapter à la distribution de carburants alternatifs et moins polluants. Pour accélérer le processus, une aide pourrait être accordée aux stations-service encore timorées, aux constructeurs. L'étude ADEME, « Analyses des cycles de vie appliquées aux biocarburants de première génération consommés en France », rendue publique le 9 octobre 2009, confirme déjà le bilan énergétique positif et environnemental des biocarburants.

Dissuader les activités polluantes : les écotaxes

La lutte contre la pollution est aujourd'hui une priorité. Au-delà des bonus, il est essentiel d'éduquer les hommes, pour infléchir leurs comportements. Bien sûr, on peut toujours réglementer pour obliger les pollueurs à renoncer à leurs habitudes, mais si la loi interdisait toute dégradation de l'environnement du jour au lendemain, certaines entreprises ne s'en relèveraient pas. Il faut donc les amener à prendre leurs responsabilités petit à petit. De la prise de conscience à l'action, il n'y aura qu'un pas.

C'est là que les écotaxes jouent un rôle essentiel, en accélérant la réflexion des entreprises sur l'exploitation de la nature et le sort de chacun.

L'écotaxe est une nécessité pour dissuader les entreprises de polluer. Elle inclut dans le prix des marchandises et des services le coût du dommage causé à l'environnement et répartit l'effort de protection en fonction de la quantité de pollution émise lors de leur fabrication ou rejetée lors de leur consommation.

Dans cet esprit, la taxe générale sur les activités polluantes (TGAP), inspirée du principe « pollueur payeur », a été mise en place en 1999, sous le gouvernement Jospin. Complexe autant qu'instable, modifiée une quinzaine de fois, cette taxe est à la charge des exploitants d'installations d'élimination de déchets, elle est fonction de leur poids.

À l'autre bout de la chaîne écologique, la taxe intérieure de consommation sur les produits pétroliers (TIPP), bien qu'écartée du débat sur la taxe carbone, présente des points communs avec une « contribution climat-énergie ». Là où le bât blesse, c'est que, frappant le carburant, tout le monde y est soumis sans distinction de ressources. Mais entre rendement et justice, il faut choisir : la taxe rapporte 23,8 milliards d'euros, soit la moitié de l'impôt sur le revenu. La TIPP, un avant-goût de la taxe carbone ?

La taxe carbone : une nécessité

Cette taxe qui impacte un produit en fonction de ses dommages sur l'environnement est incontournable. Non pas qu'elle soit suffisante, mais plutôt pour le signal fort qu'elle adresse aux entreprises et aux consommateurs. Pourquoi les gouvernements ont-ils été si frileux à son égard ? Annoncer de nouvelles taxes modifiant profondément notre fiscalité n'est pas facile. Mais l'éveil des consciences a fini par bousculer la torpeur générale, et la taxe carbone a refait surface.

Le modèle suédois mis en place en 1991 a de quoi séduire. Les gaz à effets de serre ont été réduits de 9 %[1] depuis 1991, tandis que, dans le même temps, la croissance économique bondissait de 48 %. Implacable démonstration dans un pays où les taxes écologiques sont vécues comme une chance, pas comme une punition.

Cette taxe permet d'imposer les sources d'émissions de CO_2 pour réduire la consommation et déplacer les achats vers d'autres produits moins polluants. Si le principe est simple en théorie, il l'est moins dans son application.

La taxe peut s'appliquer selon plusieurs modalités. La plus classique consiste à l'appliquer à chaque produit, en veillant à établir le bilan carbone de chacun. Que pèse en CO_2 un pot de confiture ou un paquet de frites ? Même les experts se contredisent. En attendant que tout le monde se mette d'accord, on peut s'en tenir à la taxation des énergies fossiles, comme le pétrole, le gaz, le charbon...

C'est cette solution qui a été choisie par la France et sa conférence d'experts présidée par Michel Rocard. Mal informée, l'opinion l'a ressentie au départ comme un impôt supplémentaire, quasi insupportable, en tout cas injuste. Afin que les ménages ne soient pas pénalisés, le produit de la taxe fait l'objet d'une compensation. Maintenant, il faut réussir à en faire un instrument efficace. La taxe carbone pourrait en ce sens constituer un élan encourageant pour la planète.

1. *Le Monde*, 3 juillet 2009.

Pour une fiscalité « super-verte »

La question est de savoir quel type de fiscalité nous sommes prêts à supporter. La taxation légère n'est pas efficace au regard de la protection de l'environnement, puisqu'elle est incapable de dissuader le pollueur payeur. Au contraire, une taxation contraignante mise en place de façon progressive, tenant compte du développement des énergies alternatives et des possibilités financières des ménages, va susciter des comportements plus vertueux, en encourageant les investissements verts. Nous n'avons plus le choix. Les émissions des gaz à effets de serre doivent être divisées par quatre d'ici 2050. La planète a besoin de s'appuyer sur les leviers d'une fiscalité à la fois coercitive et incitative : taxation des produits, défiscalisation, bonus-malus. Il faut être plus efficace, plus vite.

La taxe écologique doit pouvoir laisser une alternative au consommateur, ce qui n'est pas toujours le cas pour la taxe carbone. L'objectif de l'écotaxe n'est pas de laisser perdurer la pollution. À une époque charnière, il faut inciter les industries à adopter des technologies non polluantes, par une double action pédagogique et coercitive sur les entreprises et les consommateurs. Il faut surtout éviter le piège qui consisterait à payer pour avoir le droit de polluer, sans autre alternative. Autre piège : une fois entrée dans les mœurs, la taxe écologique pourrait devenir une source de recettes pour le budget. Entre l'incitation et le rendement, il faut choisir. Vouloir bénéficier d'un double dividende – protection de l'environnement et rentabilité budgétaire – comme le préconisent certains économistes, est certes politiquement tentant. Mais cet objectif brouille les pistes. L'ambiguïté est que le rendement budgétaire suppose une large assiette et un faible taux pour durer alors que l'incitation à de meilleurs comportements suppose une taxe plus élevée. Les écotaxes ne sont pas durables par nature, il ne faut pas risquer de sombrer dans une fausse facilité en pensant qu'elles constituent un eldorado budgétaire intarissable. Vigilance !

D'autres mécanismes doivent être sollicités : le bonus-malus pourrait être étendu à d'autres produits, par exemple l'achat d'un GPS, dont les avantages écologiques sont reconnus et accompagnés par une baisse de la TVA sur les produits verts.

Le crédit d'impôt ne doit pas être réservé à l'habitation principale, il pourrait être appliqué, comme cela existe au Canada, aux « dons écologiques » des propriétaires qui confient leurs terres sous condition que les bénéficiaires préservent leur biodiversité et leur patrimoine naturel. Avec tous ces outils, l'écologie peut prendre un virage déterminant.

Retour sur investissement

La finance et la lutte contre le réchauffement climatique sont-ils compatibles ? Oui, totalement. Les « placements verts » qui permettent d'investir dans des entreprises cotées, développant des solutions pour protéger l'environnement, en sont un bon exemple. Cette idée avait déjà germé chez nous en 1983 : le groupe Meeschaert avait créé un fonds de gestion éthique en accord avec les convictions de congrégations religieuses. Si nous ne sommes qu'au début de ce mouvement, le développement durable attire de plus en plus de capitaux : 3,9 milliards d'euros en 2003, 16,6 milliards en 2006[1]. De l'autre côté de la machine à cash, les entreprises du secteur des services renouvelables explosent, et leurs titres suivent, bénéficiant de la rareté et des incitations fiscales. La tendance est à l'investissement socialement responsable (ISR) dans des sociétés qui respectent des critères environnementaux, sociaux, écologiques et moraux. Mais les investisseurs, s'ils considèrent le comportement des entreprises, ne renoncent pas pour autant à la rentabilité financière. Faire un bon geste, d'accord, mais pas au détriment d'un rapport optimisé, qui reste l'idée première d'un placement. Heureusement, concilier performance et développement durable n'est pas incompatible.

Autre système novateur : les produits de « partage », grâce auquel l'investisseur renonce à une partie de ses gains au profit d'organismes. Le rendement est forcément plus modeste mais il s'enrichit de la notion de partage.

Ces placements solidaires donnent droit, selon le type de placement, à une réduction d'impôt.

Un nouveau regard sur l'impôt

L'urgence nous oblige à nous remettre en question et à vivre autrement pour éviter d'aller droit à la catastrophe planétaire irréversible. Il en aura fallu des électrochocs et coups de semonces environnementaux, pour que les « enfants gâtés » que nous sommes songent enfin, in extremis, à changer leur rapport au monde et leur

1. www.developpementdurable.com

gestion du patrimoine naturel collectif. À la prédation doit succéder la responsabilisation écologique. Il est encore tant d'agir et la fiscalité est un rouage important pour amorcer et accélérer le changement des consciences et des pratiques. Selon Nicolas Hulot, « pour réguler certaines consommations et tarir les autres, il va falloir de nouvelles normes et de la fiscalité[1] ».

---

1. Nicolas Hulot, *Terraeco*, avril 2009.

CHAPITRE 13

Une taxe… solidaire

Faciles à percevoir, les impôts indirects sont apparus les premiers, bien avant les impôts directs. Sous les Mérovingiens, le tonlieu, première taxe perçue au nom du pouvoir en place, était un droit de passage. Suivront, au Moyen Âge, une ribambelle de tributs plus ou moins supportables, dont certains sont passés à la postérité, comme la corvée, ce travail bénévole et pénible d'entretien des routes, des chemins et des champs du seigneur local. Il ne faut pas oublier non plus la célèbre gabelle sur le sel de l'Ancien Régime, les traites perçues sur les marchandises aux frontières… Et tant d'autres.

Plus près de nous, la TVA, taxe sur la valeur ajoutée, est un pur produit français. C'est désormais la ressource la plus importante du budget. Elle fait partie d'une routine fiscale très discrète, que tout le monde fait mine d'accepter. Pour réveiller les contribuables et les recettes de l'État, des nouveautés apparaissent : les taxes bien-pensantes ont fleuri en quelques années. Au final, les impôts indirects représentent 60 % des recettes de l'État. Il est donc urgent de retrouver un équilibre entre taxes directes et indirectes.

L'impôt invisible

La moitié des Français ne paye pas d'impôts ? Encore une idée fausse ! Chacun de nous subit en réalité une foule de contributions et taxes, qu'il s'agisse de la CSG, de la CRDS, de la redevance TV, la taxe d'habitation, la TVA, des taxes sur l'essence (TPP), le tabac, l'alcool... Taxation indolore par excellence, l'impôt sur la consommation touche l'acquisition de biens et l'utilisation de services, sans prendre en compte la situation financière du contribuable. Complices, les étiquettes des produits jouent le jeu, qui n'affichent pas le montant de la TVA. D'une efficacité indéniable, ces impôts indirects et invisibles sont pourtant la négation de toute justice fiscale.

Un modus vivendi semble s'être établi : s'il interdit d'augmenter l'impôt sur le revenu, pour les taxes, tout est permis. Avantage non négligeable, leur collecte est simple, l'argent rentre très vite dans les caisses de l'État et, en prime, elles peuvent influencer certains comportements, on l'a vu pour l'alcool, le tabac ou la pollution.

La fiscalité indirecte a eu beaucoup de mal à se trouver. À l'origine de la TVA, ont été testées diverses taxes sur le chiffre d'affaires. Payées plusieurs fois sur le même produit, elles alourdissaient considérablement le prix des marchandises et des services.

Rien de mieux pour paralyser le circuit économique. Il fallait une solution !

Nous sommes en 1953. Dans le secret de son cabinet, Maurice Lauré, inspecteur des Finances, met la dernière main à son invention, un mécanisme qui a le mérite d'assurer la neutralité fiscale, en ne frappant plus chaque opération dans sa totalité, mais uniquement sur sa valeur ajoutée, c'est-à-dire la différence entre le prix de vente et le prix d'achat. Quel que soit son circuit commercial, un produit supportera le même prélèvement. Pratique, il est collecté par chaque intervenant du circuit et reversé à l'État. Petit détail, c'est le consommateur qui en supporte toute la charge. C'est tout à fait ce qu'il faut à notre économie. Edgar Faure, ministre des Finances, propulse la taxe sur la valeur ajoutée. La loi sur la TVA est votée le 10 avril 1954.

D'abord limitée à la production et au commerce de gros, elle va s'étendre, à partir de 1968, à l'ensemble des secteurs, en essaimant vers les pays du Marché commun, illustrant avec panache l'idée de libre circulation des marchandises. Guy Delorme, autre inspecteur des Finances, dira : « On peut soutenir que ce n'est pas l'Europe qui a fait la TVA, mais la TVA qui a fait l'Europe. » Depuis, la plupart des pays l'ont adoptée, à l'exception des États-Unis et du Canada. Avec un montant d'environ 136 milliards, la TVA est en tête des recettes budgétaires.

Trois taux cohabitent, en fonction des produits et des services. Le taux normal de 19,6 % reste de loin le plus courant. Il y a le taux réduit de 5,5 %, notamment pour les produits alimentaires, ou bien ceux dont l'État veut favoriser la consommation, comme les livres, et le taux super-réduit de 2,1 % pour les médicaments remboursés par la Sécurité sociale ou pour la presse. Quant aux services, ils sont, selon leur nature, soumis soit au taux normal, soit au taux réduit. Dans l'Union européenne, le taux normal le plus raisonnable est celui du Luxembourg, avec 15 %, et le plus élevé, de 25 %, en Suède et au Danemark.

Distinguer la baguette du foie gras !

Ne rêvons pas, les hauts revenus ne peuvent à eux seuls porter la responsabilité d'une meilleure redistribution. Même en augmentant sensiblement le taux marginal de l'impôt sur le revenu, le gain serait faible au regard du PIB. Un juste dosage doit être trouvé entre les impôts directs progressifs et les impôts indirects proportionnels.

La TVA rapporte presque la moitié des recettes de l'État. Autant dire qu'il n'est pas envisageable de s'en passer. Mais, reversée par le commerçant à l'administration, elle est supportée au final par le consommateur. Celui qui a peu de moyens paye le même impôt que celui qui est plus aisé. Exemple : un SDF qui achète une baguette paye sur ce morceau de pain exactement le même impôt que celui qui cotise à l'ISF. La plupart des pays ont résolu le problème en adoptant un taux très réduit de 2,1 % pour les produits prioritaires. Mais il n'est pas normal que tous les produits alimentaires soient taxés au même taux de 5,5 %, sans distinguer le foie gras ou la truffe de la baguette. Seul le caviar est « surtaxé » à 19,6 %. Un premier pas, au moment d'envisager une taxe majorée sur les produits de luxe pour réduire la pauvreté ?

Le problème n'est pas tant de savoir s'il faut ou non imposer de nouvelles taxes, mais de réfléchir à leur portée : répondent-elles à un consensus ?

Ainsi, certaines contributions paraissent plus légitimes que d'autres. C'est le cas de la taxe Chirac sur les billets d'avion, votée en 2005 pour lutter contre les maladies infectieuses du tiers-monde, la contribution sur les revenus du capital pour financer le RSA. Ces impôts ne choquent personne. Au contraire. Rien à redire aussi aux surtaxes concernant l'écologie et le développement durable, comme la contribution sur les déchets de l'électroménager, celle sur les cartes grises des véhicules polluants, ou sur les lubrifiants à usage perdu. Liés à un problème environnemental, ces impôts-là sont relativement bien acceptés, parce qu'ils s'inscrivent dans un projet de société. Pourtant, la tentation pourrait être grande de présenter une nouvelle charge sous un aspect environnemental, pour tromper la vigilance des contribuables. À force de mettre les impôts à toutes les sauces, on risque de passer à côté des vraies taxes solidaires, celles qui ressortissent à un geste conscient.

Les Français, généreux donateurs

Selon une étude de la Fondation de France d'avril 2007 réalisée dans quatre pays européens, notre pays est le plus généreux concernant les avantages fiscaux liés aux dons. Viennent, derrière, le Royaume-Uni, l'Allemagne et l'Espagne. Les particuliers, comme les entreprises qui donnent à un organisme d'intérêt général ou une association d'utilité publique, bénéficient d'une réduction d'impôt.

Certes, Coluche ne manquait jamais une occasion d'épingler les impôts. On se souvient de sa fameuse réplique : « L'administration, en France, c'est très fertile ! On y plante des fonctionnaires, il y pousse des impôts. » Mais l'humoriste est allé plus loin, en laissant aux contribuables l'amendement Coluche. Voté en 1988, il accorde aux contributeurs de repas gratuits pour les personnes en difficulté une réduction d'impôt majorée.

L'impôt sur le revenu n'est pas le seul à profiter de la générosité des Français, il est possible de déduire de l'ISF une partie du montant des versements effectués en faveur de certains organismes. En 2008, 21 000 contribuables sur les 565 966 assujettis à l'ISF ont fait un don. Si cette réduction ne peut se cumuler avec celle concernant l'IRPP, les dons peuvent être affectés indifféremment à l'un ou à l'autre.

Selon une étude de novembre 2006 sur la générosité des Français du Centre d'étude et de recherche sur la philanthropie (Cerphi), quelque 6 millions de foyers ont déclaré un don en 2005 pour plus de 1,7 milliard d'euros. Un foyer imposable sur quatre fait un don.

Une fiscalité généreuse est la preuve que l'impôt et le contribuable peuvent s'unir pour donner ce qu'ils ont de meilleur. Mettant fin à la question : où va l'argent de l'impôt ?

Destination solidarité

Jacques Chirac crée la surprise, lors de la conférence internationale pour le développement à Johannesburg, en 2003, en lançant l'idée d'une taxe sur les billets d'avion pour financer la lutte contre le sida, le paludisme et la tuberculose en Afrique, qui prendra finalement son envol le 19 septembre 2006. Elle a tout pour elle. Une assiette mondiale, un objectif commun, une logique et du sens. Payée en fonction de la distance parcourue et de la classe du voyage, son montant varie entre 1 et 40 euros. En trois ans, 2 milliards d'euros ont été rassemblés. Pour la seule année 2008, la « taxe Chirac », dont la France est le principal contributeur, a permis de soigner et d'accompagner 170 000 enfants atteints du sida. Une vraie réussite. Pourtant, seuls la France, la Corée du Sud, le Chili, la Norvège taxent les billets d'avion. Il est temps que d'autres pays leur emboîtent le pas.

Les publicains, comme on les appelait dans l'Antiquité, percevaient certaines taxes pour le compte des Romains, prélevant au passage un sacré bonus. Un sale boulot, dédaigné de tous. Parmi ces percepteurs se trouvait un certain Matthieu. En route pour Capharnaüm, le Christ s'adressa à lui, en s'arrêtant au péage qu'il gardait. « Suis-moi », lui ordonna-t-il. Et cet homme méprisé de tous se leva pour suivre Jésus, renonçant à sa charge de publicain. Matthieu, c'est une prise de conscience. Celle que chacun de nous peut avoir en faisant un geste solidaire.

Si je devais choisir une taxe, c'est à celle-ci que je donnerais mon nom : la taxe Matthieu.

Lieu privilégié de partage, voire de communion, les spectacles, comme les rencontres sportives, unissent les hommes. C'est cette énergie communicative qui peut changer le cours d'une rencontre.

Au-delà de la performance, faire la fête avec un objectif commun ajoute à l'événement. Bel exemple que celui des « Enfoirés », qui rassemble plusieurs millions de spectateurs en live ou à la télévision. De son côté, le Téléthon incite les Français à donner pour la recherche. La dynamique de ces manifestations ? La solidarité. Instinctivement, nous avons la capacité de nous unir face à une catastrophe, comme en témoigne l'élan international de décembre 2004. Cette année-là, il y a eu un effet tsunami, solidaire, positif et réconfortant, bien au-delà de la catastrophe.

Pourquoi ne pas faire de cette aide ponctuelle une aide permanente ? La souffrance ne peut plus attendre. Utopique ? Le sentiment de solidarité est pourtant ancré au plus profond de l'homme.

Le contribuable est meilleur qu'on ne veut le faire croire, meilleur que l'impôt qu'il subit. Pourquoi chacun ne serait-il pas heureux de payer une taxe à l'occasion des manifestations sportives ou culturelles pour améliorer le sort des autres ? Cette taxe proportionnelle au prix du billet ne pèserait pas lourd sur chacun de nous. Le principe, qui veut que l'union fasse la force, est la base même de cette initiative. Une somme minuscule, un geste qui coûte peu, d'une redoutable efficacité. Certaines manifestations rassemblent jusqu'à 40 000, voire 80 000 spectateurs. Et que dire des événements internationaux, des jeux Olympiques, des Coupes du monde ? Dans un premier temps et à titre expérimental, le spectateur aurait le libre choix entre le billet au prix normal et le billet « solidaire ».

Dans le même esprit, une taxe pour lutter contre la pauvreté pourrait concerner les palaces, les croisières haut de gamme, les vêtements et les objets de luxe. Selon *Réponse à tout*[1], durant le festival de Cannes, qui génère un chiffre d'affaires de 250 millions d'euros, les tarifs d'un hôtel réputé oscillent entre 600 et 4 000 euros pour une suite. À ce prix-là, ce ne sont pas quelques dizaines d'euros qui pourraient mettre en péril l'économie du cinéma international.

Qu'on me comprenne bien : il ne s'agit pas de taxer chaque loisir uniformément. Un jeune qui a mis de

1. *Réponse à tout*, mai 2009.

l'argent de côté toute l'année pour s'offrir un spectacle, ou un centre d'action sociale travaillant à la médiation culturelle, ne saurait être pénalisé. Il s'agit de taxer les billets d'entrée à partir d'un certain prix seulement.

La taxe Matthieu n'est pas une taxe de plus, elle est un geste philanthropique. Elle pourrait être affectée à un fonds spécial, solidaire et national. Ce geste devrait bien sûr être valorisant et donc valorisé. Par exemple, on peut imaginer des modalités de communication – médiatique ou autre – qui rendraient compte des actions de solidarité réalisées, de l'affectation des sommes du fonds. Une sorte de « rapport moral » permettant à chaque citoyen contributeur de mesurer l'impact positif de sa participation, d'être impliqué directement dans les projets constructifs, concrètement identifiables et utiles.

Les repas au restaurant sont un moment de plaisir, de détente. Un versement volontaire et solidaire sur le principe du « pourboire », en accord avec les professionnels de la restauration, peut être envisagé. Celui-ci serait une somme de faible pourcentage, calculée sur l'addition des restaurants et qui pourrait devenir obligatoire – tout en restant modique – sur les menus les plus chers ou la restauration de luxe. Comme précédemment, l'affectation utile de l'excédent dégagé pourrait faire l'objet d'une communication, voire d'une publicité, récompensant la générosité des donateurs, consommateurs et professionnels. Ce geste solidaire, conscient, aurait donc une affectation précise contrairement à la TVA.

Mieux que l'exil...

Pour ceux qui ne supportent plus de « gagner tant d'argent et de payer autant », la tendance est à la morosité. Chaque loi de finances invente une disposition pour retenir les candidats à l'exil. Mais, un bouclier ne fait pas tout. Et puis, si le contribuable aime écouter les sirènes d'une concurrence fiscale racoleuse, pourquoi les plus fortunés refuseraient-ils de participer à la mutation de notre société ?

Le problème pourrait être réglé en considérant deux critères indissociables, l'économique et l'humain. On a toujours soutenu que trois types d'impositions rendaient la vie infernale : la fiscalité des placements, les droits de succession et l'ISF. Depuis le 1er janvier 2009, les revenus de placements bénéficient sur option du prélèvement libératoire, plus favorable aux gros revenus. Les plus-values mobilières bénéficient d'une imposition favorable. Quant aux deux autres coupables, les droits de succession et l'ISF, ils ont été mis hors d'état de nuire par la loi Tepa d'août 2007. Le premier, de façon visible, par la suppression des droits de succession des conjoints et partenaires d'un pacs et par un abattement de 150 000 euros pour chaque donation effectuée tous les six ans en faveur des enfants. Le second d'une façon plus discrète. Il est possible d'échapper à l'ISF via de généreuses réductions d'impôts. Pour être sûr de garder ses ouailles les plus aisées, au cas où ces dispositions laisseraient encore quelques failles, l'État a sorti son gros bouclier fiscal réduit. Désormais, pour s'exiler, il faut vraiment avoir de bonnes raisons.

Pourquoi partir quand on a le sentiment d'être utile, en participant à un véritable projet de société, sans se faire dépouiller ?

Les excès de consommation de graisses, de sucres rapides et de sel mais aussi d'alcool étaient pointés du doigt, dans un rapport de juillet 2008, par l'inspection générale des Affaires sociales. Le rapport préconise une action fiscale pour financer l'assurance-maladie, cette mesure devant produire « un signal clair à l'égard des consommateurs et des industries agroalimentaires ». Difficile à avaler, la proposition touche à trop de produits et à trop d'intérêts. Une précédente proposition avait d'ailleurs été retoquée quelques mois auparavant.

La taxe nutritionnelle, à la manière des taxes environnementales, sanctionne un comportement nuisible à la santé, mais aussi à la collectivité, en grevant le budget de la Sécurité sociale. Le Canada et une vingtaine d'États américains l'ont bien compris : ils taxent les boissons sucrées gazéifiées, les snacks et les aliments gras. On se souvient que, le jour où le tsar Pierre le Grand a décrété un impôt sur la barbe, tous les Russes sont allés voir leur barbier. Aujourd'hui, les redevances doivent être légitimes et non plus coercitives… et le concept de « taxe qui nous veut du bien » développé en urgence.

Pour les plus modestes, le problème n'est pas vraiment de bien vivre, mais surtout de survivre. Quand on a faim, le meilleur choix, c'est celui qu'on peut s'offrir. C'est pour cela que la taxation des aliments dangereux pour la santé doit s'accompagner de la baisse de la TVA sur les produits de première nécessité. Mais la fiscalité dissuasive doit aller de paire avec des mesures pour éduquer le consommateur, l'amener à revoir ses choix consciemment. Le montant de la taxe serait affecté à la création de centres où chacun pourrait apprendre à préserver sa santé par une alimentation réfléchie et la pratique du sport.

Vers une fiscalité planétaire !

Une autre piste, absente du G20 de Londres en 2009, mais dans tous les esprits du sommet de Pittsburgh, est la taxe Tobin. Le moment est revenu de réfléchir à cette taxe sur les transactions financières mondiales, proposée en 1972 par le prix Nobel d'économie du même nom. Selon son expression, elle serait en mesure de « mettre un peu de sable » dans les rouages de la finance internationale. Cette idée a inspiré une taxe mondiale, prélevée à un taux unique sur toutes les transactions financières. Elle permettrait de lutter contre les fluctuations excessives des taux de change et de collecter des recettes pour financer une politique sociale à grande échelle. Mais son destin a été assez chaotique : elle a souvent fait débat, laissant ses adversaires mettre en avant l'évasion fiscale qu'elle pourrait entraîner, ses difficultés pratiques de mise en route, l'absence de structures, la complexité d'un contrôle mondial, son caractère punitif, etc. On s'est demandé à quel stade de la transaction elle devait intervenir. On a souligné le désastre encouru si une seule grande place n'y adhérait pas : dans ce cas, les capitaux fileraient vers les pays ne l'appliquant pas. Pour une fois, la France n'a pas hésité longtemps, puisqu'elle a voté la taxe avant tout le monde. Toutefois, elle ne l'appliquera que lorsque les autres États auront donné leur accord.

Ce projet de taxe revient régulièrement sur le devant de la scène : il a connu son heure de gloire en période de crise, quand le sommet de Copenhague, en 1994, puis le G7 d'Halifax, en 1995, l'ont évoqué avec conviction. Mais ses perspectives d'adoption apparaissaient compromises. Aujourd'hui, les récents scandales du monde de la finance changent la donne. La crise que nous traversons a mis en avant la nécessité de réguler le système monétaire international, à travers la création d'un tel impôt. L'économiste Stephan Schulmeister[1], de l'Institut de recherche économique autrichien, estime que si la taxe n'était que de 0,01 % à 0,1 %, payée à part égale par les deux parties d'une transaction, la taxe produirait entre 0,59 % et 1,52 % du PIB mondial, soit entre 376 milliards et 969 milliards d'euros pour 2008.

À l'heure où les États ont le désir de changer le monde, la taxe Tobin est une solution inespérée.

Ce serait l'avènement du premier impôt redistributif au monde ! Et si notre destin national était de réveiller une nouvelle fois les consciences internationales endormies ?

1. Fabrice Delaye, « Le retour de la taxe Tobin », *Courrier international*, 7 mai 2009.

CHAPITRE 14

Paradis fiscaux : l'enfer du décor

« On apprend de source bien informée qu'une liste d'évadés fiscaux a été transmise au fisc, qui a immédiatement réagi. » Scénario catastrophe ? Pas tout à fait.

Ces petits paradis ne datent pas d'hier. Déjà, chez les Grecs, les principales transactions se faisaient dans quelques ports restés à l'abri des taxes portuaires. Mais c'est dans la période qui suit les Trente Glorieuses que ces refuges explosent. Ce commerce de la souveraineté et du secret, au nom desquels certains États – comme la Suisse, le Luxembourg et les autres – acceptent d'occulter les fonds et leur activité, ne cessera d'évoluer et de s'adapter à la mondialisation. Les États, si prompts à déclarer publiquement qu'ils traquent tous les exilés fiscaux, ont toujours joué un rôle ambigu. À la fois Dr Jekyll et Mr Hyde, ils sont les concepteurs et les premiers utilisateurs de la discrétion assurée par ces rouages paradisiaques.

Paradoxe : l'utilisation des paradis fiscaux devient une réponse à la pression fiscale des États industrialisés, le tout facilité par la contribution des nouvelles technologies : ouvrir un compte exotique via Internet n'est pas plus difficile que de réserver une chambre d'hôtel… Incontournables dans le paysage de la finance, ces paradis accueillent tous ceux qui y ont intérêt : particuliers, sociétés multinationales, banques et États... On s'en doute, chaque État victime de l'évasion fiscale a pris soin de légiférer, affichant une volonté de fer. Chez nous, l'amende pour non-déclaration d'un compte utilisé dans un État non coopératif est de 10 000 euros, il y a quelques années elle n'était que de 750 euros. Un vrai progrès !

Mais les événements vont changer la donne. En quelques mois, surgissent des « affaires » dévoilant un pourrissement larvé du système. Abasourdis, nous avons découvert la catastrophe : les subprimes, le trader de la Société générale, l'affaire Madoff... Loi des séries d'un système financier qui étouffe ? La crise bat son plein, les plans de relance ne suffisent pas, les déficits s'envolent... Désignés comme les responsables de la crise, les paradis fiscaux reviennent sur le devant de la scène médiatique. Chevaliers blancs en lutte contre l'argent sale, les États s'emparent du challenge. Haro sur les refuges fiscaux ! Les dirigeants occidentaux affichent soudain leur volonté d'en découdre. Le G20 passe à l'action... Mais pourquoi ont-ils jusqu'alors bénéficié d'une telle complaisance des États ? Visite guidée dans un enfer doré.

C'est par où, le paradis ?

Solution radicale pour tourner le dos à l'impôt : l'expatriation. Ce départ, parfaitement légal en vertu du principe de libre circulation des biens et des personnes, doit être effectif, à charge pour le contribuable de pouvoir ensuite justifier de la réalité du transfert de résidence. Il faut donc couper les ponts. Cet exil est une conséquence directe du dumping fiscal, une concurrence agressive que se livrent les États entre eux, à commencer par les pays européens. Rien d'illégal, mais de sérieux dégâts collatéraux pour une Europe paralysée par la règle de l'unanimité, incapable d'harmoniser sa fiscalité, toute mesure fiscale réclamant l'unanimité des États. L'expatriation n'est pas l'évasion fiscale, la première est licite, la seconde beaucoup moins.

L'évasion fiscale[1] s'opère par des chemins de traverse qui mènent tout droit à ces destinations sulfureuses. Les pays à faible fiscalité, ou sans fiscalité du tout, ne doivent pas être confondus avec les paradis bancaires, qui garantissent le secret absolu à leurs clients. Même si, parfois, les deux se cumulent. C'est le cas de la Suisse, avec l'article 47 de la loi fédérale garantissant depuis 1934 le secret bancaire dont la violation est punie jusqu'à trois ans d'emprisonnement. Un argument choc, qui a largement contribué à la réputation de ce pays. La définition du paradis n'a jamais fait l'unanimité. Ainsi, Monaco n'est pas un éden pour les Français alors qu'il l'est pour des résidents d'autres nationalités. En effet, depuis la convention fiscale conclue entre le prince Rainier et le général de Gaulle en 1963, après un historique « bras de fer », seuls les Français justifiant de cinq ans de résidence habituelle à Monaco au 13 octobre 1962 bénéficient du régime fiscal monégasque. D'autre part, il faut considérer le type d'impôt concerné, celui sur le revenu

1. L'évasion fiscale est parfois définie comme un procédé légal qui consiste à utiliser les lois par opposition à la fraude illégale. L'évasion fiscale est prise ici dans son acception restreinte qui consiste à déplacer son patrimoine dans un autre pays, sans le déclarer au fisc.

des personnes physiques, ou celui sur les sociétés. Pour cerner un paradis fiscal, mieux vaut s'en tenir aux critères de l'OCDE : absence de fiscalité directe, restriction de l'accès à l'information bancaire, opacité des sociétés, limitation des échanges d'informations avec les autres pays. Outre un impôt inexistant ou peu élevé, ces pays sont surtout accusés d'être peu regardants sur la provenance des fonds. La loi de l'« omerta » y est scrupuleusement respectée.

Une bonne soixantaine de paradis fiscaux se partagent un marché de 10 000 milliards de dollars[1]. Leur succès est souvent inversement proportionnel à leur superficie. Les îles Caïmans, cinquième place financière du monde, s'étendent sur 250 km, Jersey s'étire sur moitié moins, presque un caillou. Plus qu'il n'en faut pour loger des trusts, structures artificielles propices à ces évasions profitables. Chaque paradis a sa spécialité. Les îles Caïmans dévorent les fonds d'investissement, les hedge funds, fonds spéculatifs à la réputation sulfureuse accusés d'être à l'origine de la crise, quand les Bahamas sont championnes de « l'e-commerce ». L'Irlande est le refuge des artistes internationaux, le Panamá est fort complaisant avec les pavillons du même nom. Coincées entre Europe et Amérique du Nord, les Bermudes occupent une place stratégique : les assurances sont leur fonds de commerce. Les holdings[2] foisonnent au Luxembourg, réputé pour avoir le secret bancaire le mieux protégé au monde. Le Liech-

1. « L'argent caché des paradis fiscaux », *Le Point*, 26 février 2009 : « 10 000 milliards de dollars d'actifs financiers en dépôt ou en gestion dans des paradis fiscaux. »

2. Sociétés détenant des participations dans des entreprises juridiquement indépendantes aux fins de les contrôler.

tenstein est le paradis des hommes d'affaires, tout comme la City de Londres, première place financière au monde.

Ces paradis n'en ont souvent que le nom. Même si les situations actuelles sont souvent plus subtiles, la vieille idée selon laquelle une valise bien pleine peut racheter bien des péchés – même capitaux – reste d'actualité. Drôles d'indulgences ! Si la fraude fiscale est attachée à la réputation de ces refuges pour riches, on y trouve aussi l'argent d'activités tels les trafics d'armes, de drogues, le crime, la prostitution, etc. Infractions à la loi pénale, ces activités sont passibles de lourdes peines d'emprisonnement. Il faut donc les dissimuler, ainsi que l'argent qu'elles rapportent. Dans ces pays de Cocagne, l'argent sale se refait une virginité ; réintroduit dans une activité parfaitement légale et soumise à l'impôt, il est soudain blanchi. Au final, la traçabilité est impossible.

L'argent n'a pas d'odeur ?

Ne nous leurrons pas : dans les paradis fiscaux, l'argent de la corruption est le bienvenu.

Chez nous, comme ailleurs, la corruption d'État est périodiquement révélée à l'occasion d'« affaires » politico-financières. À l'origine de ces scandales, on trouve généralement des ventes d'armes, opérations très spéciales effectuées avec la plus grande liberté entre États et avec la bénédiction des traités internationaux. Quelles sont les conditions de ces marchés ? Où sont livrées les armes ? Toutes ces informations sensibles sont classées « Secret Défense ». Les ventes d'armes ne peuvent se faire qu'avec l'autorisation de l'État, ce qui explique son implication dans les scandales. Rien de tel que ces paradis pour encaisser les recettes occultes et au passage verser à l'intermédiaire sa récompense, une grosse commission sur quelques comptes off shore.

L'affaire Elf et la vente des frégates à Taïwan avaient mis en lumière cette pratique dans l'intérêt d'un État. L'affaire de l'Angolagate et des ventes d'armes de la France en Afrique a mis à découvert les dédales sinueux de la corruption d'État. Les intérêts politiques, au cœur de circuits financiers opaques ! Mais les choses changent. Nicolas Sarkozy a annoncé, le 14 janvier 2008, depuis Ryad, en Arabie saoudite : « Il y aura, notamment en matière d'armement, des contrats d'État à État. Je ne veux pas d'intermédiaire dans les contrats, ce qui permettra à la fois de baisser les prix et en même temps d'éviter toute mauvaise tentation[1]. » Le projecteur serait-il braqué sur les bas-fonds des contrats internationaux ?

L'argent de la corruption voisine aussi avec celui du crime. Selon l'expert américain Raymond Baker, quand l'argent de la corruption représente 3 % des fonds, l'argent du crime culmine autour de 35 % des fonds, le reste proviendrait de l'évasion fiscale. La criminalité recouvre les activités les plus diverses : trafics de drogue, de déchets toxiques, d'armes, trafics de femmes, d'enfants, contrebande d'alcool, de tabac, fausse monnaie, piratage… Le prix de ces activités est réglé en espèces, évacué par les fourmis du blanchiment. Après un long périple dans diverses blanchisseries off shore, l'argent retourne dans des eaux plus claires, réinjecté dans les circuits traditionnels.

1. Site lepoint. fr : « Nicolas Sarkozy fait la chasse aux intermédiaires », 16 janvier 2008, modifié le 17 janvier 2008.

Moins spectaculaires que les officines criminelles, d'autres clients des paradis fiscaux sont… les multinationales. Plus de 4 000 banques seraient hébergées à travers le monde. La France n'est pas en retrait : selon une enquête d'*Alternatives économiques*[1], toutes les entreprises françaises du CAC 40 sont implantées dans les paradis fiscaux. BNP Paribas arrive en tête avec 189 entités dans les paradis fiscaux, devant LVMH (140), Schneider (131), le Crédit agricole (115), PPR (97), Banque populaire (90), France Télécom (63), la Société générale (57), Lagardère (55), Danone (47), EADS (46), Peugeot (39) ou encore le groupe Carrefour (32). La liste énumère pas moins de 39 entreprises françaises implantées dans les paradis fiscaux. Surprise : on y trouve même la Banque postale[2] !

Tous les évadés fiscaux ne sont pas des voyous !

Des repaires pour trafiquants ! Cette indélébile réputation des paradis fiscaux englobe tous ceux qui ont recours à leurs services. Pourtant, placer là ses économies à un taux attractif n'a en soi rien d'illégal, dès lors qu'il s'agit de faire fructifier des capitaux transparents, en règle avec l'impôt dans le pays d'origine.

La crainte d'un changement de législation, au moment où se produira un événement, un décès par exemple, qui pourrait rendre imposable une succession, est un

1. « La fin des paradis fiscaux », *Alternatives économiques*, avril 2009.

2. La Banque postale selon l'enquête n'a qu'une seule entreprise dans les paradis fiscaux.

motif d'évasion fiscale qui n'a rien avoir avec l'argent sale. À l'héritier ensuite de se débrouiller avec le fisc auquel il risque d'abandonner une bonne partie de l'héritage s'il n'arrive pas à prouver que l'impôt a déjà été payé sur les sommes rapatriées. Autre candidat à l'évasion « honnête », celui qui met de l'argent de côté, et qui ne tient pas à ce que son conjoint ou sa famille soient au courant. Ces paradis sont également un refuge commode pour celui qui veut réduire la pension alimentaire à verser en cas de divorce. Ils permettent aussi une plus grande rapidité des transactions commerciales totalement transparentes, une plus grande souplesse permettant de réduire les contraintes administratives de chacun des États intervenant dans l'opération. Enfin, des clients s'adonnent à ces montages pour bénéficier d'un taux de placement plus intéressant. Moralité, il n'y a pas que de l'argent sale dans ces édens fiscaux.

On ferme encore les yeux ?

Quel est le montant de l'évasion fiscale ? Par définition, il n'est pas connu. Mais on estime à 10 000 milliards de dollars les fonds hébergés dans ces lieux protégés de la curiosité des États. Un chiffre impressionnant. Que faire ? Légiférer bien sûr.

Passer la frontière avec dans sa valise un montant inférieur à 10 000 euros ne pose pas de problème. Au-delà, les sommes doivent être déclarées à l'administration des douanes. Les plus impatients tentent un passage en force, le coffre de la Jaguar bourré de valises pleines à ras bord. À déconseiller. Non seulement la somme risque d'être confisquée, mais encore une amende égale au quart de son montant peut être appliquée. Pis, les douanes feront passer l'info à leurs collègues des impôts, transformant le contrevenant en cible privilégiée pour un contrôle fiscal. Très approfondi, on s'en doute.

Il est plus simple d'ouvrir un compte bancaire à l'étranger pour y encaisser des revenus au nez et à la barbe du fisc. À défaut de pouvoir empêcher l'ouverture d'un compte à l'étranger, le législateur exige qu'il soit déclaré à l'administration fiscale. L'amende applicable pour défaut de déclaration est de 1 500 à 10 000 euros, ce qui ne semble pas totalement dissuasif ! Dans la pratique, seuls ceux qui transfèrent légalement l'argent à l'étranger déclarent les comptes. Une minorité.

Les contrats d'assurance-vie souscrits à l'étranger doivent, eux aussi, être déclarés. Oublier cette obligation risque de réduire le rendement du contrat à peau de chagrin, car la sanction représente une amende du quart des sommes versées sur les contrats… Sauf à prouver que le Trésor n'a pas été lésé – un défi ! –, auquel cas, l'amende est réduite à 5 %.

Conscient qu'il faut aller plus loin, le collectif budgétaire de 2008 a décidé de renforcer les sanctions contre la fraude. Le délai de reprise de l'administration est porté de trois à dix ans en cas de dissimulation des comptes bancaires ouverts à l'étranger ou des contrats d'assurance-vie souscrits auprès d'organismes situés dans un État non coopératif.

Inutile de faire le mort avec le fisc, les héritages en provenance des paradis fiscaux sont, pour le bénéficiaire domicilié dans l'Hexagone, imposables en France. Au final, l'héritier risque de payer une bonne partie de ce que son parent a soustrait au fisc. Beaucoup de bruit pour rien.

Ce qui préoccupe plus les États, aujourd'hui, c'est le blanchiment d'argent via les plates-formes off shore qui convertissent l'argent du crime en investissements légaux. Ces centres restent muets face aux demandes adressées par les États. Conscients que seule une coopération internationale sera de taille à endiguer le phénomène, les États s'unissent enfin.

Créé en 1989 par le G7, le groupe d'action financière (GAFI) regroupe 32 pays. Cet organisme intergouvernemental lutte contre le blanchiment des capitaux avec les moyens du bord, mais son mérite essentiel reste d'encourager les pays membres à engager les réformes nécessaires pour lutter efficacement contre les paradis fiscaux. En 1990, le GAFI adopte quarante recommandations pour la répression du blanchiment d'argent. Prudemment, chacune commence par un conditionnel : « Les pays devraient... ou ne devraient pas. » Cependant, ces conseils sont suivis par de nombreux pays. Chez nous, la recommandation 16 a donné naissance à la cellule Tracfin de traitement des circuits financiers. Mais la meilleure législation anti-blanchiment ne pèse pas lourd face à l'opacité de certains centres off shore, protégés par un secret bancaire inébranlable.

L'OCDE élabore aussi des recommandations, elle dresse une liste des paradis fiscaux non coopératifs, et convainc les États de s'engager en matière d'échange de renseignements. De nombreuses places off shore ont suivi le mouvement.

De son côté, l'Union européenne a démontré sa volonté de lutter contre ce système immoral à travers, notamment, l'élaboration de la « directive de l'épargne », obligeant les États membres à fournir des informations sur les placements des non-résidents. En 2000, le GAFI, l'OCDE, et le Forum de stabilité financière ont publié des listes concernant les comportements fiscaux et l'argent mafieux. Aucune sanction n'étant prévue, les pays concernés n'ont pas bougé d'un pouce. Au final, quelques bonnes intentions, beaucoup de résolutions. Et aucun résultat. Pour preuve, les paradis fiscaux n'ont pas été ébranlés, même après les attentats du 11 septembre.

Une clé pour fermer les portes du paradis

Avant la crise, ils faisaient partie du paysage. Un palmier, du sable à perte de vue, une mer bleu lagon… Cette image d'Épinal semblait réservée aux plus fortunés. L'évasion fiscale serait-elle un cadeau pour les plus riches, à tel point que le simple contribuable finirait par mélanger évasion et défiscalisation ? Comme si, bénéficiant d'une prescription, l'évasion était devenue légale. Pourquoi pas ? Les multinationales, les banques, les États y ont recours. De temps à autre, à la faveur d'un scandale impliquant une personnalité politique, les paradis sont vilipendés… puis de nouveau oubliés. Chaque affaire met sous les projecteurs l'impuissance des États à les supprimer. Bien rangés dans les oubliettes des journalistes jusqu'au prochain scandale, ils donnent au contribuable l'impression de faire partie du folklore de la finance.

Démunis devant ce phénomène, les États tentent désormais de rapatrier les capitaux illégalement délocalisés. Régulièrement, des mesures incitatives reviennent sur le tapis. En Italie, les amnisties de 2001 et 2003 ont permis, moyennant une « amende libératoire » de 2,5 %, le rapatriement de plus de 46 milliards de capitaux partis à l'étranger dans la plus grande discrétion. Avec l'amnistie de juillet 2009, l'amende a été portée à 5 %. En France, de telles mesures ont été prises entre 1946 et 1986. Notamment, les lois de finances du 2 février 1946 et de 1982, qui prévoyaient une taxe réduite à 25 %, qui tenterait d'inciter à rapatrier les avoirs illégalement délocalisés. Quant à la loi de finances rectificative pour 1986, elle avait encore réduit la taxation à 10 %. Plus récemment, les repentis avaient jusqu'au 31 décembre 2009 pour rendre visite à la cellule de régularisation de Bercy. Mais il n'est pas question d'amnistie, il faut payer l'impôt pour bénéficier de pénalités à la baisse.

Tous les ingrédients sont aujourd'hui réunis, la crise aidant, pour éradiquer les paradis fiscaux. Les États semblent enfin s'accorder pour demander la transparence et faire sauter le secret bancaire. L'opinion publique ne comprendrait pas qu'il en soit autrement. Comment demander un effort au contribuable tout en laissant prospérer de telles fraudes ?

Sous la pression de l'Union européenne, la riposte s'est donc organisée. Les pays les plus importants de la planète se sont donné rendez-vous en avril 2009 pour le G20. Les motivations divergent : pour les uns, il faut réguler les banques, pour les autres, c'est la mise à plat du système financier qui est urgente. En ces temps de vaches maigres, une chose est sûre : l'évasion fiscale pèse lourd. Pas étonnant qu'elle soit en bonne place dans les chantiers du G20 pour freiner la crise financière.

On annonce la publication de listes établies en fonction du nombre d'accords d'échange de renseignements signés par les États. Cette fois-ci, les places off shore s'inquiètent. Des paradis dans le collimateur se précipitent pour échapper à l'enfer et s'arrangent pour être rayés de la liste fatidique. L'heure est à la négociation. Il faut à tout prix éviter de figurer dans le « Top ten » des enclaves exotiques. Jersey multiplie les accords et signe une convention avec la France, quelques jours avant le G20. Suivent Guernesey, l'île de Man considérés comme de véritables paradis fiscaux. On se bouscule pour signer en catastrophe des conventions s'engageant à transmettre des informations au fisc français. De leur côté, le Luxembourg, la Suisse et la Belgique acceptent d'aménager la notion de secret bancaire. Impensable il y a quelques mois ! Le G20 voit sa tâche facilitée par ces retournements de situation inespérés…

Lorsque s'ouvre le G20, la partie n'est pas encore gagnée. L'OCDE va communiquer trois listes : une blanche, une noire, une grise. Figurent sur cette dernière liste les trente-huit qui ont pris des engagements et sont décidés à coopérer. Sont montrés du doigt les quatre pays qui font encore de la résistance sur tous les points : le Costa Rica, la Malaisie, les Philippines et l'Uruguay[1]. Des pays de plus en plus isolés ? Ou bien des paradis qui viennent de s'offrir à bon compte une incroyable publicité ?

Nous sommes le 2 avril 2009, le jour où tout devait changer. Le jour où les trafiquants de tous horizons retireraient leurs avoirs dans la plus grande panique. Le jour où notre monde basculerait de l'opacité à la transparence.

Pourtant, les conventions mises en place sont loin de combler ces espérances. Les paradis fiscaux restent seuls juges face aux demandes de levée du secret bancaire qui leur sont adressées. Ils vont y répondre au cas par cas. De son côté, la demande de l'État requérant doit porter

1. Depuis le G20, plusieurs États sont sortis de la liste grise. Plus aucun pays ne figure sur la liste noire.

sur des renseignements « vraisemblablement pertinents[1] » pour l'application de sa législation fiscale. Interprétation délicate. Sur quels critères la décision de lever le secret sera-t-elle prise ? Plus grave, aucun garde-fou n'existe non plus pour définir précisément les critères qui vont faire qu'un État demandera la levée pour tel contribuable plutôt que pour tel autre. Rien ne permet de dire qu'il ne sera pas encore soumis à son pouvoir discrétionnaire. On retrouverait alors le même risque de dérive déjà dénoncé, à propos de la mise en œuvre des poursuites correctionnelles. Sous couvert de transparence, c'est la liberté individuelle qui risque d'être menacée.

À imaginer que les États jouent le jeu, un dommage collatéral est à prévoir : le déplacement des paradis fiscaux. Les grandes fortunes ont déjà assuré leurs arrières, seules les petites devront revenir au pays payer l'impôt. Sans compter que les paradis trouveront bien une solution pour protéger leurs plus gros clients !

Quoi qu'il en soit, le G20 a réussi le tour de force d'unir la communauté internationale autour d'un projet mobilisateur. Malgré ses limites, reconnaissons-lui le mérite d'avoir mis sur le devant de la scène ce délicat problème. Quelques mois ont suffi pour mettre sur pied ce que l'OCDE et le FMI n'avaient pas réussi à faire en vingt ans. Le G20 a accéléré la prise de conscience, celle par laquelle tout est possible !

1. Selon les termes de l'article 26 du modèle de convention fiscale OCDE.

L'après-crise : la justice comme dynamique

L'avenir dépendra de la volonté des États d'assumer leurs responsabilités. Le suivi de l'application des conventions et des sanctions prévues doit être une priorité. Et cette rigueur est à la hauteur de l'enjeu.

Si l'argent a mené le monde au bord du gouffre, il peut aussi l'aider à redresser la barre. À condition d'avoir la volonté de ne plus retomber dans les erreurs du passé.

L'Europe a, sur ce plan, un rôle essentiel à jouer. La France aussi doit montrer l'exemple, en s'attaquant d'abord à ses propres paradis fiscaux, et en faisant ensuite sortir ses banques de toutes les places off shore. La classe politique semble d'accord là-dessus, en tout cas à travers ses discours, comme l'a souligné Nicolas Sarkozy au Conseil européen de Bruxelles : « Il ne serait pas normal qu'une banque à qui nous octroierions des fonds propres continue à travailler dans des paradis fiscaux[1]. »

La dynamique de la justice doit désormais prendre le relais. Ce devoir de justice nous appartient. N'oublions pas que ce sont les pays occidentaux qui ont permis à ces zones de non-droit de prospérer. Il leur appartient aujourd'hui de mettre la même énergie à en combattre les effets pervers. L'injustice créée par les paradis fiscaux ne s'arrête pas aux frontières. En ce sens, selon John Christensen, directeur du Tax Justice Network, les flux financiers illicites privent les pays pauvres de revenus fiscaux de l'ordre de 160 milliards de dollars par an[2]. Voilà

1. *Le Point,* 26 février 2009.

2. Assemblée nationale, rapport d'information du 10 septembre 2009 par la commission des Finances, de l'Économie générale et du Contrôle budgétaire sur les paradis fiscaux.

de quoi soutenir la ferme volonté de lutte contre la fraude fiscale !

Les paradis fiscaux, boucs émissaires ?

Tous les pays industrialisés se sont engouffrés dans cette lutte. À voir l'enthousiasme débordant des grands de ce monde, on se réjouit, en se demandant où est le piège… Les paradis fiscaux seuls responsables de la crise ! C'est bien sûr très exagéré.

La débâcle financière et l'endettement des États ont sur ce plan rafraîchi les mémoires. On se souvient soudain qu'il y a gros à récupérer avec l'argent de la fraude fiscale. Les pertes de recettes seraient par exemple de 100 milliards de dollars pour les États-Unis[1], entre 20 et 25 milliards d'euros pour l'Allemagne, et de 15 à 20 milliards chez nous. Au-delà des rentrées prévisibles suscitées par la levée du secret bancaire, la nécessité d'éradiquer la fraude fiscale répond à un souci de justice. Dès lors que l'échappatoire à l'impôt prive l'État de recettes, il reporte ce manque à gagner sur les plus modestes, privant la société de son lien essentiel : la solidarité. Mais s'attaquer à ces refuges n'est pas suffisant. Chaque État doit se donner les moyens de lutter contre la fraude à l'intérieur même de ses frontières. Parallèlement, l'harmonisation européenne est urgente pour endiguer le flot des expatriations vers le pays à la fiscalité la plus compétitive.

Importante, la fraude fiscale n'est pourtant que la partie visible de l'iceberg. Ce serait une erreur de lui donner

1. « L'argent caché des paradis fiscaux », *Le Point*, 26 février 2009.

la priorité, en reléguant les revenus du crime au second plan. Les énormes profits du trafic de la drogue, des armes, de la prostitution des femmes et des enfants viennent grossir les avoirs des « profiteurs du crime ». Les paradis fiscaux, qui jouent le jeu de la coopération internationale, continuent, eux aussi, à profiter de l'argent sale. En les supprimant, on déplacera simplement le problème. L'argent du crime suivra d'autres filières.

Les décisions prises par le G20 constituent-elles alors simplement un effet d'annonce ? Considérons plutôt la levée du secret bancaire comme une première étape. À charge pour nous de nous attaquer ensuite aux racines du mal.

C'est maintenant qu'il faut agir, en refusant la drogue ou la traite des humains. Fléau mondial, la prostitution, esclavage moderne des êtres humains, concernerait 4 millions de personnes, essentiellement des femmes et des enfants.

Pourquoi ne pas envisager un sommet avec la même dynamique que le G20, rassemblant les États et les organisations internationales pour lutter contre ces fléaux ? Aussi urgent que la recherche de solutions pour soigner la planète malade de la crise financière, il participera au changement de mentalité nécessaire à un monde nouveau. Les crises que nous traversons, financières, écologiques ou sociales, sont les crises d'une civilisation en déliquescence. Il s'agit pour nous de reconquérir l'humain, en le lavant de sa part d'ombre. Sénèque avait dit : « Ce n'est pas parce que les choses sont difficiles que nous n'osons pas, c'est parce que nous n'osons pas qu'elles sont difficiles. »

CHAPITRE 15

Réinventer l'impôt

Au cœur d'une profonde crise économique mondiale, nous prenons enfin conscience que le sort de chacun de nous est lié au reste du mode. Les mentalités commencent à s'ouvrir, à devenir sensibles à de nouveaux enjeux planétaires.

L'impôt existe depuis la nuit des temps. Son cheminement l'a conduit de la dîme versée à l'Église, de l'impôt dû au seigneur pour se protéger à l'impôt des croisades, à la gabelle plutôt salée, à la fiscalité de l'Ancien Régime qui s'abat sur les pauvres et épargne les riches, jusqu'à l'impôt sur le revenu pour financer la guerre. Tour à tour marque de dévotion, outil d'asservissement, espace de redistribution, l'impôt a épousé toutes les causes et servi tous les maîtres. Il faut maintenant tourner le dos au passé pour insuffler à la société l'énergie dont elle a besoin.

L'impôt a toujours oscillé entre soumission et contribution. Qu'il s'agisse de faire la guerre, ou de reconstruire le pays, le voilà qui apparaît sous son aspect solidaire, contribution prélevée pour le bien commun.

Les épreuves passées, l'individualisme reprend ses droits. La fiscalité évolue alors comme un gruyère, dans lequel chaque secteur, chaque lobby creuse son trou. Au nom d'une revendication corporatiste voir nombriliste, on obtient, qui son régime particulier, qui sa défiscalisation… Aujourd'hui, un objectif unit pourtant les contribuables de tous bords : payer moins !

C'est pourquoi l'impôt doit retrouver sa mission originelle. À ce titre, notre système de protection sociale est un modèle de solidarité. Que de chemin parcouru depuis la Sécurité sociale créée par l'ordonnance du 4 octobre 1945. Le Préambule de la Constitution de 1946 témoigne de cette idée : « […] La Nation assure à l'individu et à la famille les conditions nécessaires à leur développement. Elle garantit à tous, notamment à l'enfant, à la mère et aux vieux travailleurs, la protection de la santé, la sécurité matérielle, le repos et les loisirs. Tout être humain qui, en raison de son âge, de son état physique ou mental, de la situation économique se trouve dans l'incapacité de travailler, a le droit d'obtenir de la collectivité des moyens convenables d'existence […]. » De 1930 à nos jours, la solidarité sociale s'est étendue avec le minimum invalidité, le minimum vieillesse, l'allocation adulte handicapé, l'allocation parent isolé, l'allocation prestation spécifique, le RMI (remplacé depuis le 1er juin 2009 par le RSA), la couverture maladie universelle, l'allocation personnalisée pour l'autonomie. Malgré tout cela, le lien social ne s'est pas réellement resserré.

Justice… fiscale ?

Le contribuable ne croit guère à la justice, encore moins quand elle est fiscale.

Nous avons pourtant le pouvoir de changer les choses. En réduisant les inégalités, il est possible de renforcer la solidarité d'une nation. C'est ce qu'avait exprimé Charles Gide en 1932, dans son ouvrage *La Solidarité* : « L'extrême richesse comme l'extrême pauvreté peuvent avoir ce résultat fâcheux de rompre le lien qui unit l'individu à la communauté, et qui les unit entre eux. »

Aujourd'hui, face à la crise et au déficit budgétaire galopant, il est impossible de faire croire que l'impôt peut être réduit. Seule solution : passer de l'impôt quantitatif à l'impôt qualitatif. Glisser d'une « imposture » à un véritable projet de société. Avoir le courage de promettre une juste répartition de l'impôt. Suivre ou relire Tocqueville : « Dans une société démocratique, les hommes peuvent se perdre au lieu de se voir, il faut donc les rapprocher, c'est-à-dire les amener à concourir à une œuvre commune. » Enfermés dans leur égoïsme, les hommes s'unissent rarement de gaieté de cœur. À défaut, la peur d'un danger peut être un facteur de cohésion. La Société des Nations (SDN), née au lendemain de la Première Guerre mondiale, a eu le mérite d'ouvrir la voie vers l'unité. L'Organisation des Nations unies (ONU) a pris la relève en 1945, autour des concepts de sécurité internationale et de développement économique. Née un peu plus longtemps après la Seconde Guerre mondiale, l'Union européenne a créé la libre circulation des biens et des personnes. Une union imparfaite où les enjeux économiques l'emportent sur l'équité. Depuis l'élargissement de l'Europe aux pays de l'Est, le discount fiscal bat son plein et la *flat tax*, un impôt à taux unique, fait des ravages. L'Estonie, avec un taux fixé à 26 % en 1994, puis à 21 % en 2009, a fait école chez ses voisins. Mais les avantages fiscaux dissimulent bien sûr un niveau de vie décevant, une protection sociale quasi inexistante et des services publics réduits au minimum. Comparaison n'est pas raison. La France et son taux de prélèvements obligatoires de 44 % en 2005 tient forcément le haut du pavé, accompagnée par la Suède avec 51,3 %, le Danemark avec 50,3 %, et la Belgique avec 45,5 %. En contrepartie, les prestations sociales offertes aux citoyens de ces pays se situent à un niveau très élevé.

Or le dumping fiscal, autrement dit la concurrence entre États pour limiter les prélèvements, risque de creuser les inégalités en faisant supporter l'impôt par la classe moyenne. Sans compter qu'il est tentant de brader les services publics pour renflouer les caisses – vides – de l'État. Entre équité et compétitivité, le choix semble douloureux. Nous devons pourtant aller vers une harmonisation fiscale. C'est à ce prix que l'Europe se construira. Chaque pays conservera bien sûr ses spécificités et sa conception de la protection sociale. L'harmonisation va bien sûr se heurter à la règle de l'unanimité, qui risque de nous pousser vers le moins-disant fiscal. Niveler par la base est impossible. Il faudra donc modifier les règles du jeu pour casser la règle de l'unanimité. Lorsqu'il a fallu instaurer l'euro, la partie n'était pas gagnée. Une énergie incroyable a dû être déployée pour l'imposer. L'harmonisation fiscale européenne, qui touche aux recettes des États mais aussi à la justice, réclamera une mobilisation tout aussi forte.

Au-delà de cet horizon, un impôt européen direct pourrait être envisagé pour un meilleur financement du budget de l'Europe et une meilleure répartition des richesses. L'étape suivante ? Un impôt mondial ? Elle semble difficilement envisageable pour l'instant. Pourtant, la nécessité d'une gestion internationale capable de faire face aux crises endémiques est évidente. « Nous sommes à la fois citoyens de différentes nations et d'un seul monde où le local et le mondial sont interdépendants », dit Mikhaïl Gorbatchev dans son *Manifeste pour la terre.* Un gouvernement international devra voir le jour pour sauvegarder l'équilibre de la planète. Du gouvernement mondial à l'impôt planétaire pour réduire les inégalités ? Ce serait un véritable choix de civilisation.

CHAPITRE 16

75 propositions de réforme

En dehors des querelles partisanes et idéologiques, la réforme de l'impôt s'inscrit dans le développement durable. Quel impôt ? Pour quelle société ?

Il n'est plus possible d'envisager l'impôt à court terme sans retomber dans le cycle des réformettes qui colmatent les failles et maintiennent en survie un impôt à bout de souffle. Il faut retrouver le sens profond de l'impôt. Définir les bases de l'impôt des temps modernes : faire table rase de l'impôt du passé ; réfléchir à une fiscalité juste et solidaire ; s'unir sur un projet de société.

Afin de mettre un terme aux abus, aux dysfonctionnements et aux perversions du système fiscal existant, voici les grands axes d'une réforme réalisable aussi urgente qu'incontournable, pour un impôt plus efficace et plus juste : celui que nous transmettrons aux générations futures.

Améliorer la loi pour mieux protéger le contribuable

Proposition 1. Créer une cellule d'expertise et de « compétences croisées » ayant pour mission la refonte du code des impôts pour plus de clarté, de simplification, de justice. Cet organe devrait organiser un débat national autour de la réforme du code et, outre les agents rattachés à la Direction de la législation fiscale, assurer la représentation des acteurs de la société civile (magistrats, usagers, experts fiscalistes, sociologues, etc.).

Proposition 2. Faire un audit annuel des avantages fiscaux pour établir une relation entre les objectifs visés par le législateur et les résultats effectivement obtenus, le coût des mesures et leur utilité ; rechercher les raisons pour lesquelles les contribuables visés par ces mesures n'en auraient pas sollicité le bénéfice.

Proposition 3. En amont, organiser des campagnes d'information et des forums multi-acteurs pour faire connaître les principales nouveautés des projets de lois de finances et éviter de passer sous silence certaines dispositions. Outre un impératif démocratique de justification, cela inciterait les pouvoirs publics à la transparence et à plus de « pédagogie fiscale ». En même temps, les citoyens seraient conduits à être plus vigilants et à s'intéresser plus directement au débat public autour de la fiscalité.

Proposition 4. En aval, informer les contribuables des dispositions nouvelles adoptées dans le cadre de la loi de finances. Assurer cette communication pour tous permettrait de réduire progressivement l'emploi abusif du « nul n'est censé ignorer la loi » qui sert souvent d'alibi à l'arbitraire.

Proposition 5. Soumettre tout projet de loi fiscale à un Conseil de la République pour la fiscalité, cousin du Conseil constitutionnel. Cet organe aurait la charge de prévenir les vides juridiques, l'arbitraire, les aberrations et les injustices qui pourraient survenir dans l'application ou l'interprétation de textes fiscaux, de limiter aux cas exceptionnels les procédures attentatoires aux libertés. Afin de prévenir des atteintes aux droits des contribuables, ce conseil, autorité indépendante, devrait avoir une composition pluripartite équilibrée, incluant à la fois des experts et des représentants de contre-pouvoirs (justice, société civile). Des mises en garde diffusées sous forme de rapports rendus publics constitueraient un garde-fou, une garantie supplémentaire pour les citoyens.

Proposition 6. Exiger la publication des instructions de l'administration dans les trois mois suivant l'entrée en vigueur de la loi à interpréter.

Mettre fin à l'impôt sur l'ignorance

Proposition 7. Porter sur la déclaration de revenus préremplie les déductions, réductions, crédits d'impôt, afin que ces avantages ne soient pas omis par ceux qui en bénéficient, notamment les personnes âgées.

Proposition 8. Informer le contribuable des options dont il peut bénéficier ; des dispositions légales qui lui sont favorables ou qui risqueraient de lui être défavorables. Recenser en ce sens certaines difficultés connues des experts, contenues dans le code des impôts, qui se transforment trop souvent en pièges.

Proposition 9. Dans chaque direction des services fiscaux, assurer aux contribuables un accès facilité à des personnels spécialisés dans l'accompagnement psychologique, notamment dans certaines situations fiscales exceptionnelles (décès, licenciement, divorce...).

Proposition 10. Supprimer l'irrévocabilité des options exercées. Le contribuable doit souvent choisir rapidement et sans avoir tous les éléments nécessaires, entre deux options. Tel est le cas du rattachement ou non d'un enfant majeur au foyer fiscal. Aujourd'hui, généralement, il n'est plus possible de revenir sur ce choix, sauf à exercer un recours à la discrétion de l'administration, même s'il s'avère désavantageux.

Proposition 11. Inscrire l'étude de certains aspects de l'impôt (histoire, objectifs sociaux, affectations, valeurs et principes républicains, etc.) aux programmes scolaires dans le cadre de l'éducation citoyenne autour d'un rouage important du vivre-ensemble.

Aider les plus vulnérables

Proposition 12. Mettre tout en œuvre pour que les personnes âgées bénéficient de l'exonération de taxe d'habitation ou de taxe foncière à laquelle elles ont droit pour mettre fin aux impositions trop souvent réclamées à tort.

Proposition 13. Publier les statistiques sur les impositions réclamées ou les poursuites effectuées à tort à l'encontre des personnes âgées. Les résultats permettraient de prendre la mesure de ce phénomène afin d'y remédier.

Proposition 14. Exonérer de plein droit de la taxe d'habitation les personnes âgées disposant de revenus modestes et obligées de quitter leur domicile pour loger chez leurs enfants.

Proposition 15. Instaurer un double contrôle avant d'exercer des poursuites à l'encontre d'un contribuable. Ces actes graves, parce qu'ils atteignent le contribuable dans son patrimoine, dans sa vie privée (avis à tiers détenteur notifié à la banque), doivent faire l'objet d'un contrôle strict pour éviter les abus.

Proposition 16. Informer les concubins de la fiscalité applicable à leur situation afin qu'ils choisissent ce régime en connaissance de cause.

Proposition 17. Appliquer un abattement de 30 % sur l'imposition des retraites complémentaires, plafonné à un certain seuil de revenus.

Proposition 18. Accorder un crédit d'impôt pour l'emploi d'un salarié à domicile à l'ensemble des contribuables et non aux seuls actifs. Les retraités, les personnes handicapées ne travaillant pas bénéficient aujourd'hui seulement d'une réduction d'impôt non remboursable, alors que le crédit d'impôt, s'il excède l'impôt dû, est remboursable.

Proposition 19. Adresser en double exemplaire la déclaration de revenus préremplie.

Proposition 20. Rendre obligatoire l'abattement jusqu'ici facultatif pour le calcul de la taxe d'habitation des personnes handicapées.

Proposition 21. Adresser aux jeunes une brochure les informant des conséquences fiscales du mariage, du pacs, du concubinage.

Proposition 22. Mieux informer les femmes : mettre en place un accueil téléphonique et un service spécialisé pour les informer des conséquences fiscales en fonction des situations rencontrées. Compte tenu du nombre de femmes en difficulté face au fisc, une campagne d'information leur serait destinée.

Proposition 23. Offrir aux travailleurs immigrés qui règlent effectivement leurs impôts tout en multipliant les gestes symboliques d'insertion une procédure spécifique d'accès à la nationalité valant chance supplémentaire d'intégration et d'insertion.

Proposition 24. Avancer le crédit d'impôt accordé pour l'emploi de salariés à domicile, aux personnes ne dépassant pas un plafond de revenus. Afin de leur éviter d'attendre une année pour en bénéficier.

Prendre en compte la générosité

Proposition 25. Informer les propriétaires de la fiscalité, trop méconnue, applicable aux locations consenties à des proches.

Proposition 26. Supprimer la taxation de 60 % des donations entre non-parents, notamment entre concubins.

Proposition 27. Mettre un terme à la taxation de 60 % sur les dons manuels aux associations si ceux-ci sont régulièrement déclarés, et apparaissent de façon transparente dans la comptabilité.

Proposition 28. Remplacer la réduction d'impôt par un crédit d'impôt remboursable s'il excède le montant de l'impôt dû, pour les versements en faveur des associations. Les personnes non imposables ou faiblement imposées pouvant faire des efforts pour être de généreux donateurs.

Proposition 29. Étendre la réduction d'impôt sur l'ISF à toutes les associations d'utilité publique.

Rétablir l'égalité dans le contrôle fiscal

Proposition 30. Permettre à tout contribuable vérifié d'être assisté dans le cadre de l'aide juridictionnelle dès le début du contrôle, par un conseil spécialisé en la matière.

Proposition 31. Adresser au contribuable tous les textes nécessaires à la compréhension du redressement notifié.

Proposition 32. Redéfinir le rôle du vérificateur, expert chargé de recueillir des données et de formuler les critiques nécessaires à l'occasion d'un contrôle. Il ne proposerait plus les redressements au contribuable. Ce qui permettrait de bien différencier le contrôle et la fixation des redressements, et de ne pas laisser ces deux opérations entre les mains d'une seule personne.

Proposition 33. Transmettre les renseignements recueillis par le vérificateur à un magistrat qui, le cas échéant, pourrait demander un complément d'instruction ; un tribunal de contrôle fiscal composé de juges recueillant préalablement l'avis, de membres de l'administration, d'experts, de représentants des contribuables fixerait le montant des redressements. Dans le système en vigueur, le contrôle du juge intervient postérieurement à la fixation des redressements par l'administration.

Proposition 34. Mettre en œuvre une procédure permettant de ne pas étendre la durée d'un examen contradictoire de situation fiscale personnelle, le contrôle des particuliers, au-delà de ce qui est nécessaire. Actuellement, ce type de contrôle peut se dérouler sur un an. Mais l'obligation pour les vérificateurs de mener de front plusieurs affaires, les délais mis notamment par les organismes financiers à répondre aux renseignements demandés par l'administration augmentent trop souvent la durée du contrôle.

Proposition 35. Ne pas engager un contrôle fiscal après le 1er octobre : cette date butoir mettrait fin à une inégalité. En effet, actuellement, compte tenu des règles de la procédure, un contribuable vérifié après cette date peut bénéficier de la prescription pour la première année vérifiée alors qu'un contribuable contrôlé avant cette date ne peut en bénéficier.

Proposition 36. Vérifier dès la première année un contribuable susceptible d'avoir commis une erreur dans sa déclaration sans attendre trois années. Cette vérification permettrait au contribuable de connaître ses obligations, sans subir de lourds redressements portant sur trois années. Cette procédure serait applicable aux seules anomalies décelables du dossier.

Proposition 37. Aménager la loi de façon à permettre à l'administration, en cas d'agissements frauduleux entraînant le dépôt d'une plainte pour fraude fiscale, d'exercer effectivement son contrôle sur deux années supplémentaires, comme le prévoit pourtant la loi généralement inapplicable. La procédure telle qu'elle est actuellement prévue permet rarement en réalité de vérifier un contribuable poursuivi pour fraude fiscale, sur cinq années. De sorte que le contribuable de bonne foi comme le fraudeur sont vérifiés de la même manière sur trois années.

Proposition 38. Spécialiser les vérificateurs par secteurs professionnels pour une meilleure efficacité et plus de justice.

Proposition 39. Réduire les délais d'instruction du contentieux par l'administration. À défaut de réponse par l'administration à une réclamation dans le délai de six mois, il y aura lieu de considérer son acceptation comme tacite.

Proposition 40. Fixer un délai raisonnable dans lequel les tribunaux devront rendre leur jugement.

Proposition 41. Établir un barème national applicable aux transactions susceptibles d'être accordées. Afin de supprimer tout risque d'arbitraire.

Proposition 42. Créer une commission composée de magistrats, de fiscalistes et d'associations de protection des libertés individuelles chargée de veiller à la neutralité du choix des contrôles fiscaux, afin de limiter les risques de détournement de pouvoir. Le choix d'un contrôle appartient actuellement aux directeurs de l'administration fiscale.

Proposition 43. Réprimer plus sévèrement la fraude fiscale trop souvent sanctionnée par des amendes dont le faible montant est sans commune mesure avec le montant de la fraude.

Supprimer l'arbitraire des poursuites correctionnelles

Proposition 44. Établir un seuil de rappels d'impôts, fixé par une commission composée de magistrats, membres de l'administration fiscale, représentants de professionnels, à partir duquel l'administration déposerait plainte pour fraude fiscale systématiquement et sans « favoritisme ».

Proposition 45. Modifier la loi pénale et la loi fiscale pour que l'administration suspende la plainte au pénal jusqu'à ce que le « juge de l'impôt » se soit prononcé sur le bien-fondé des impositions. Cela éviterait qu'un contribuable soit condamné par le tribunal correctionnel alors que le tribunal administratif a ultérieurement reconnu infondés les impôts réclamés.

Équilibrer le respect des libertés et la poursuite de la fraude

Proposition 46. Recenser les taxations effectuées chaque année d'après *les signes extérieurs de richesse,* les cas dans lesquels elles sont appliquées, les résultats auxquels elles ont donné lieu. Réfléchir à l'aménagement de cette taxation, d'autant que l'administration dispose par ailleurs de procédures pour imposer les revenus d'origine indéterminée.

Proposition 47. Avant d'autoriser une perquisition, le juge doit interroger l'administration pour savoir si un contrôle fiscal ne suffirait pas. La perquisition fiscale doit être l'exception.

Proposition 48. Pour la cellule Tracfin, le choix de transmettre ou non des informations au procureur de la République doit être soumis au contrôle d'un magistrat.

Proposition 49. Supprimer l'article L 111 du livre des procédures fiscales qui permet à tout un chacun, sans que lui soit opposé le secret professionnel, de consulter à la direction des services fiscaux la liste des personnes assujetties à l'impôt sur le revenu et de connaître l'impôt mis à la charge d'un contribuable. Cette disposition peut inciter à la délation alors que l'administration se défend d'exploiter ce procédé.

Accompagner la modernisation de l'impôt d'un débat

Proposition 50. Expérimenter dans des départements pilotes une commission composée d'agents des impôts, d'usagers, chargée de faire des propositions pour réduire, voire supprimer les « dégâts collatéraux » de la modernisation de l'impôt engagée ces dernières années. Cette commission aurait un caractère temporaire.

Proposition 51. Sensibiliser les agents du centre d'appel téléphonique pour qu'ils puissent donner spontanément des informations de nature à éclairer davantage le contribuable confronté à une option fiscale.

Proposition 52. Accompagner la modernisation de l'impôt d'un véritable débat sur l'impôt.

Proposition 53. Mettre en œuvre une pédagogie citoyenne pour rendre l'information sur l'impôt accessible à tous.

Supprimer l'ISF

Proposition 54. Supprimer l'ISF et le bouclier fiscal.

Donner sa vraie place à l'impôt sur le revenu

Proposition 55. Élargir la base d'imposition de l'IR en supprimant la tranche d'imposition à taux zéro, les niches fiscales – hormis celles à visées sociales. Il est anormal qu'un foyer sur deux seulement paye l'impôt sur le revenu. Chacun doit contribuer à la solidarité nationale selon ses revenus.

Proposition 56. Augmenter le nombre de tranches du barème de l'impôt sur le revenu. Plus les tranches augmentent, plus l'impôt est progressif et donc plus juste.

Proposition 57. Fusionner la CSG avec l'impôt sur le revenu. Ce prélèvement est actuellement proportionnel : un taux unique, sans considération des revenus ni des charges de famille. Cette situation ajoute un déséquilibre à la philosophie de notre système fiscal. Pour y remédier, il faudrait donc fusionner la CSG avec l'impôt progressif sur le revenu.

Proposition 58. Prendre en compte le revenu du foyer pour l'établissement de la taxe d'habitation. Actuellement, le plafonnement de la taxe d'habitation en fonction du revenu est insuffisant au regard de la justice fiscale.

Développer une fiscalité écologique

Proposition 59. Accorder un abattement de l'impôt sur les sociétés aux entreprises respectant l'environnement au regard de critères qui collent au plus près des problématiques écologiques et sont établis lors des processus sociétaux tel le Grenelle de l'environnement.

Proposition 60. Remplacer le crédit d'impôt auquel donnent droit les équipements écologiques pour l'habitation principale par une prime directement déductible du prix d'achat. L'incitation sera beaucoup plus importante et concrètement perceptible pour le citoyen.

Proposition 61. Aider l'innovation écologique par une fiscalité incitative. D'abord, dans une posture classique du « pollueur payeur » sanctionnant les mauvais comportements. Ensuite, en étudiant une fiscalité qui attribue des avantages fiscaux selon un barème à définir, proportionnellement aux caractéristiques de l'entreprise (taille, capacité d'innovation, empreinte écologique, type d'activité, etc.) et en fonction de critères écologiques précis : adoption des normes environnementales (ISO et autres), dépôt d'un brevet « green » pertinent, validation d'une bonne pratique (*best practice*) environnementale par une instance nouvelle – ou ancienne, telle l'Agence de l'environnement et de la maîtrise de l'énergie (ADEME) –, etc.

Proposition 62. Apporter un soutien fiscal en faveur des motorisations alternatives écologiques. L'étude ADEME, « Analyses des cycles de vie appliquées aux biocarburants de première génération consommés en France », rendue publique le 9 octobre 2009, confirme le bilan énergétique positif et environnemental des biocarburants. Des avantages fiscaux attribués aux différents niveaux de la filière bioéthanol – distributeurs, constructeurs, consommateurs – permettraient de poursuivre le développement de la lutte contre le réchauffement climatique… bien sûr, tout en poursuivant la veille écologique pour ne pas engendrer d'effets pervers.

Proposition 63. Veiller à la régulation solidaire et équitable des prix pour les équipements qui donnent droit à un avantage fiscal écologique : il faut impérativement éviter l'inflation des tarifs qui serait une barrière à l'acquisition de ce type d'équipements, l'objectif étant de les diffuser le plus largement possible.

Proposition 64. Harmoniser la fiscalité européenne écologique et supprimer la règle de l'unanimité en matière fiscale. Cette règle, selon laquelle les décisions européennes en matière de fiscalité se prennent à l'unanimité, fait obstacle à une fiscalité écologique commune, à des taux d'imposition communs, encourageant un dumping fiscal préjudiciable, l'exil fiscal.

Proposition 65. Augmenter le taux de la taxe carbone dont les recettes doivent servir uniquement à la protection de l'environnement. Cette augmentation doit s'accompagner de compensations pour les ménages et les entreprises, et d'une incitation fiscale pour la recherche d'énergies alternatives.

Proposition 66. Accorder un avantage fiscal aux propriétaires donnant leurs terres sous condition que les bénéficiaires préservent leur biodiversité et s'engagent à respecter les conditions définies par le ministère de l'Écologie en accord avec les personnalités et les grandes associations écologistes.

Proposition 67. Réduire le taux de TVA actuellement de 5,5 % sur les fruits et légumes, comme l'ont fait plusieurs pays de l'Union européenne. En France, la consommation de fruits et légumes est inférieure aux recommandations de l'OMS.

Proposition 68. Réduire le taux de TVA des produits issus de l'agriculture biologique.

Créer des contributions solidaires

Proposition 69. Donner à la TVA un rôle plus redistributif en modulant davantage les taux en fonction des biens et services.

Proposition 70. Créer une contribution solidaire proportionnelle sur les billets des spectacles ou manifestations culturelles, sportives, uniquement à partir d'un certain prix, à définir équitablement, pour ne pas constituer une barrière dans l'accès à la culture et au sport. Ce geste solidaire permettrait de participer à des actions nationales de solidarité.

Proposition 71. Sur le principe du « pourboire » et en accord avec les professionnels de la restauration, créer la possibilité fiscale d'une « option de versement volontaire et solidaire ». Celui-ci serait une somme de faible pourcentage, calculée sur l'addition des restaurants et qui pourrait devenir obligatoire, tout en restant modique, sur les menus les plus chers ou la restauration de luxe. L'excédent dégagé – ainsi que son affectation clairement identifiée à des opérations nationales de solidarité – pourrait faire l'objet d'une communication, voire d'une publicité, récompensant la générosité des donateurs, consommateurs et professionnels. Ce geste solidaire, conscient, aurait donc une affectation précise contrairement à la TVA.

Proposition 72. Réfléchir à une taxe sur certaines retransmissions télévisées d'événements sportifs voire culturels de grande ampleur générant des droits publicitaires, les annonceurs contribuant ainsi fiscalement de façon « exceptionnelle » à l'occasion de ces meetings d'exception.

Proposition 73. Étudier la possibilité de taxer les produits jugés nuisibles ou « à risques » pour la santé à partir d'une liste établie par une commission composée de médecins spécialistes de la nutrition et de diététiciens. Le montant de la taxe serait affecté à des campagnes de prévention, à des actions d'éducation ou de recherche, à la mise en place de centres de soins ou de consultations gratuits, le tout en lien avec les problématiques de santé publique identifiées.

Supprimer les paradis fiscaux

Proposition 74. L'Europe pourrait être le fer de lance de la lutte contre les paradis fiscaux en prenant l'initiative de « nettoyer » avec force ses propres paradis fiscaux, en sanctionnant ses banques, ses multinationales logées dans des paradis fiscaux.

Proposition 75. Les conventions mises en place par l'OCDE pour lutter contre les paradis fiscaux permettent à un État requérant d'obtenir des renseignements auprès d'un autre État à condition que sa demande porte sur des renseignements « vraisemblablement pertinents ». Les demandes faites par un État à un paradis fiscal pour obtenir la levée du secret bancaire doivent être soumises à un magistrat afin d'éviter tout risque d'arbitraire. Aucun garde-fou n'existe, en effet, sur les critères du choix sur lequel se fondera l'État requérant.

ÉPILOGUE

Pour un impôt responsable

> « Ainsi, sous quelque façon qu'on aborde la réalité, s'impose de façon obsédante le rôle de la France, microcosme où se récapitulent les forces en action dans la biologie terrestre et Athanor où s'élaborent les transformations ultimes. »
>
> Général de Gaulle

Il incombe à notre génération de réussir le passage d'un monde en péril à un monde meilleur. Nous sommes à une période charnière, celle où le sort de la planète exige un changement des mentalités : la réforme de l'impôt est un des leviers de ce changement.

Il est urgent d'instaurer une fiscalité débarrassée de ses perversions, d'établir une répartition plus juste, une utilisation nouvelle de l'impôt pour atténuer la fracture sociale, aider l'école et la famille en matière d'éducation, mieux préserver l'environnement, assurer des conditions de vie décentes à tout citoyen en privilégiant l'accès au travail.

Quels que soient leurs opinions ou leur camp politique, nos dirigeants ont la responsabilité de promouvoir des choix nouveaux. Ils doivent se donner les moyens de réussir et tenir compte des propositions de réforme qui sont aujourd'hui plus réalistes que jamais.

Chaquc citoyen a la responsabilité d'apporter à la Nation une participation à la hauteur de ses revenus. Mais il doit avoir la certitude que l'impôt est impartial et le plus équitable possible.

Si, en France, l'impôt sait retrouver sa fonction initiale de contribution solidaire, il sera un modèle utile aux autres nations et un exemple pour l'Europe.

REMERCIEMENTS

À ma femme, Laurence, toujours à mes côtés sur le chemin qui mène au but,

À mon fils, du fond du cœur,

À tous ceux qui m'ont chaleureusement soutenu et encouragé,

À mon éditeur, pour son accueil au sein de sa maison d'édition et le soutien logistique de son équipe,

À Alexandre Wickham pour son cordial soutien et son exigence toujours à propos,

À Claire Germouty, pour l'efficacité et la pertinence de la mise en forme du texte.

Table

DU MÊME AUTEUR

Le Racket fiscal, Albin Michel, 1990.

Échec à la dictature fiscale. Albin Michel, 1991.

L'Enfer fiscal, Albin Michel, 1992.

Le Guide d'autodéfense du contribuable, Robert Laffont, 1993.

Le Guide pratique et juridique du contrôle fiscal, Grancher, 1999.

SOS impôts, L'Archipel, 2003.

Le Guide fiscal Matthieu, First Éditions 2005, 2006, 2007.

Payer moins d'impôts pour les Nuls, First Éditions 2008, 2009, 2010.

Composition Nord Compo
Impression CPI Bussière en décembre 2009
à Saint-Amand-Montrond (Cher)
Editions Albin Michel
22, rue Huyghens, 75014 Paris
www.albin-michel.fr

ISBN 978-2-226-19598-2
N° d'édition : 18973/01. – N° d'impression : 093776/4.
Dépôt légal : janvier 2010.
Imprimé en France.